누구나 아는 나만 모르는 제미나이

누나IT(이성원) 지음

한빛미디어

지은이 **누나IT**(이성원)

웹디자이너로 사회에 첫발을 내디딘 후, 컴퓨터 방문 교육 사업을 창업하여 엑셀, 파워포인트, 워드, 포토샵, 프리미어 프로 등 다양한 과목을 오랫동안 강의했습니다. 이후 온라인 마케팅 회사를 운영하며, 실제 경험을 토대로 쇼핑몰 창업, 블로그 마케팅, 유튜브 마케팅 등의 강사로도 활동했습니다.
현재는 IT 왕초보를 위한 제미나이, 챗GPT 강의도 활발하게 진행하고 있으며, AI 시대에 IT 취약 계층이 소외되지 않게끔 다양한 AI 콘텐츠를 개발하고 있습니다.
저서로는 《누구나 아는 나만 모르는 챗GPT》, 《누구나 아는 나만 모르는 엑셀》, 《누구나 아는 나만 모르는 IT 이성원 강사의 3분 엑셀》이 있습니다.

유튜브 채널 www.youtube.com/@누나IT
인스타그램 www.instagram.com/noona_it

누구나 아는 나만 모르는 제미나이 – 세상에서 가장 쉬운 제미나이&AI 입문서

초판 1쇄 발행 2026년 01월 23일
초판 2쇄 발행 2026년 02월 10일

지은이 누나IT(이성원) / **펴낸이** 임백준
펴낸곳 한빛미디어 / **주소** 서울특별시 서대문구 연희로2길 62 콘텐츠1부
전화 02-325-5544 / **팩스** 02-336-7124
등록 1999년 6월 24일 제2017-000058호 / **ISBN** 979-11-7579-007-0 13000

총괄 배윤미 / **책임편집** 장용희 / **기획 · 편집** 진명규
디자인 박정우 / **전산편집** 이윤희
영업마케팅 송경석, 김형진, 장경환, 조유미, 한종진, 이행은, 고광일, 성화정, 김한솔, 전차은 / **제작** 박성우, 김정우

한빛미디어는 한빛앤(주)의 IT 출판 브랜드입니다.

이 책에 대한 의견이나 오탈자 및 잘못된 내용은 출판사 홈페이지나 아래 이메일로 알려주십시오.
파본은 구매처에서 교환하실 수 있습니다. 책값은 뒤표지에 표시되어 있습니다.
홈페이지 www.hanbit.co.kr / 이메일 ask@hanbit.co.kr

머리말

세상은 AI로 인해 빠르게 변하고 있습니다. 몇 년 전 챗GPT가 등장해 세상을 놀라게 했지만, 이제 AI의 흐름이 또 바뀌었습니다. 검색의 제왕 구글이 챗GPT를 능가하는 강력한 성능의 AI, 제미나이를 세상에 선보였기 때문입니다. 거스를 수 없는 AI 시대, 이제 제미나이를 얼마나 잘 활용하느냐에 따라 일상의 편리함과 업무의 효율은 하늘과 땅 차이로 벌어질 것입니다.

문제는 '누구나 써야 한다'는 부담감은 있지만 어디서부터 시작해야 할지 모른다는 데 있습니다. 정보는 넘쳐나지만 너무 복잡하고 어렵게 느껴지죠. 그래서 준비했습니다. 《누구나 아는 나만 모르는 제미나이》는 평범한 사람들, 특히 50~60대 분들이 제미나이를 시작할 수 있도록 돕는 책입니다.

이 책을 집필하면서 세 가지를 중점적으로 고려했습니다. 첫째, 내용은 최대한 쉽게 구성하고 일상에서 바로 써먹을 수 있는 실용적인 기능만 담아, 초보자라도 제미나이의 기본 활용법을 빠르게 익힐 수 있도록 했습니다. 둘째, 부담 없이 완독할 수 있도록 핵심만 담아 250쪽 이하로 분량을 제한했습니다. 셋째, 눈의 피로를 줄이기 위해 책 전체에 충분한 여백을 두었습니다.

이 책은 IT에 익숙하지 않은 분들부터 시니어 세대까지, 특히 50~60대 분들이 AI를 친근하게 느낄 수 있도록 구성했습니다. 재취업을 준비하는 분들이나 변화하는 세상에서 소외되지 않고 새로운 도구를 배우고 싶은 분들에게도 유용한 가이드가 될 것입니다. 제미나이에 대한 자신감을 얻고, AI가 낯선 기술이 아닌 일상의 친숙한 도구가 되기를 바랍니다. 감사합니다.

2026년 01월

누나IT(이성원)

제미나이를 왜 배워야 하나요?

제미나이는 우리 생활 곳곳에서 도움이 되는 똑똑한 도구입니다. 단어를 정확히 몰라도 설명만으로 정보를 찾을 수 있고, 카카오톡처럼 간단하게 쓸 수 있으며, 음성으로도 질문할 수 있어 누구나 쉽게 접근할 수 있어요.

특히 일상이나 취미 생활, 업무에서 제미나이는 필수적인 존재가 되고 있습니다. 여행 계획을 짜고 건강 관리 팁을 얻거나 상상만 했던 이미지와 영상을 만드는 데 제미나이를 활용할 수 있어요. 심지어 혼자서는 해결하기 어려운 보고서를 작성하고 데이터를 정리하는 일까지 제미나이에게 요청할 수 있습니다. 제미나이를 잘 활용하면 몇 시간 걸리던 일을 단 몇 분 만에 끝낼 수 있어요.

일상

여행 일정 짜기,
외국어 공부하기,
저녁 메뉴 추천받기,
건강 관리 조언받기,
자기계발 자료 찾기,
유튜브 영상 요약하기
…

취미

상상만 했던
이미지 그려보기,
움직이는 영상
만들어보기,
창의적인 글쓰기
소재 찾기
…

업무

보고서·문서 작성하기,
PPT 제작하기,
메일 내용 요약하기,
업무 일정 등록하기,
기획안 아이디어
발굴하기,
마케팅 문구 작성하기
…

제미나이 왕초보를 위한 <누구나 아는 나만 모르는 제미나이>

제미나이를 써보고 싶지만, 어렵게만 느껴져서 망설이는 분들이 많습니다. 제미나이는 생각보다 훨씬 쉽고, 생활 속에서 유용하게 쓸 수 있는 도구입니다.

《누구나 아는 나만 모르는 제미나이》는 제미나이를 처음 시작하는 분들을 위해 꼭 필요한 내용을 체계적으로 안내합니다. 이 책을 따라 하다 보면 어느새 제미나이를 자연스럽게 활용할 수 있는 실력을 갖추게 될 거예요.

하나, 세상에서 가장 쉬운 제미나이 입문서다

처음 제미나이를 접하는 분들이라도 금세 이해할 수 있도록 어려워 보이는 기능도 일상적인 예시와 함께 쉽게 풀어냈습니다. 마치 옆에서 직접 알려주는 것처럼 쉬우니까, 따라 하기만 하세요.

둘, 꼭 알아야 하는 내용을 알차게 담았다

제미나이를 제대로 활용하기 위해 꼭 필요한 기능만 담았습니다. 제미나이 접속부터 첫 대화, 음성 입력, 질문 노하우, 구글 워크스페이스와 연동하기, 나만의 챗봇 젬 만들기, 이미지와 영상 생성하기, 문서와 PPT 작성하기까지 배워보세요.

셋, 이해를 돕는 무료 강의까지 챙겨준다

본문에 실린 QR 코드를 통해 무료 영상 강의를 제공합니다. 책과 강의를 함께 보면서 실습하면 제미나이를 훨씬 빠르게 익힐 수 있습니다.

학습 내용 미리 보기

학습하기 전에 어떤 내용을 배우게 될지 미리 살펴보겠습니다. 기초부터 활용까지 단계별로 익힐 수 있습니다.

0장 | 왕초보가 제미나이를 배워야 하는 이유

육각형 AI, 만능 재주꾼 제미나이를 꼭 써야 하는 이유를 알아봅니다.

1장 | 제미나이를 재미있게 시작해보자

제미나이를 본격적으로 사용하기 전에 간편한 접속, 첫 대화, 화면 구성, 스마트폰 활용, 음성 대화 방법 등 기본기를 익힙니다.

[이런 걸 배워요]

제미나이 접속하기 / 제미나이 무료 vs 유료 버전 차이 / 새 채팅 열기 / 첫 대화하기 / 화면 구성 익히기 / 스마트폰에서 사용하기 / 음성으로 대화하기

2장 | 찰떡같이 통하는 제미나이 질문 기술 익히기

제미나이에게 구체적으로 묻는 것의 중요성과 원하는 답변을 얻는 질문 방법을 알아봅니다.

[이런 걸 배워요]

구체적으로 질문하기 / 개인 맞춤 설정하기 / 제미나이에게 역할 부여하기 / 질문을 질문하기 / 꼬리에 꼬리를 무는 질문하기 / 예시를 들어 질문하기

3장 | 구글 워크스페이스 연동하고 유튜브 요약하기

제미나이와 지메일, 구글 캘린더, 구글 드라이브, 구글 맵 등 강력한 구글 서비스를 연동하는 방법과 유튜브 영상 내용을 요약하고 활용하는 방법을 익힙니다.

[이런 걸 배워요]

지메일 요약하기 / 구글 캘린더에 일정 등록하기 / 구글 드라이브에서 문서 목록 살펴보기 / 구글 맵으로 장소 검색하기 / 유튜브 영상 내용 요약하기 / 유튜브 영상 대본 추출해서 활용하기

4장 | 제미나이의 챗봇, 젬을 활용해보자

특정 목적을 수행하는 나만의 AI 비서 젬을 무료로 만들고 활용하는 방법을 배웁니다.

[이런 걸 배워요]

브레인스토밍 도우미 젬 써보기 / 건강 코치 젬 만들어 실생활에 활용하기 / 지인에게 젬 공유하기 / 영어 공부를 위한 영어 선생님 젬 만들기 / 제미나이에게 젬 수정 보완 요청하기

5장 | 노트북LM을 AI 어시스턴트로 고용하기

노트북LM을 활용해 마인드맵과 AI 팟캐스트를 제작해봅니다. 노트북LM에서 보고서를 만든 후 제미나이에서 슬라이드로 변환하는 방법도 알아봅니다.

[이런 걸 배워요]

노트북LM 사용 설정하기 / 내 컴퓨터 자료를 마인드맵으로 요약하기 / AI 팟캐스트 만들기 / 업무용 보고 자료 만들기 / 발표 개요 만들기 / 슬라이드 제작하기

6장 | 이미지 생성의 혁명! 나노바나나 프로 활용하기

혁신적인 이미지 생성 AI 나노바나나 프로로 다양한 이미지를 생성해봅니다.

[이런 걸 배워요]

나노바나나 프로 살펴보기 / 나노바나나 vs 나노바나나 프로 차이 / 인물 이미지 만들고 편집하기 / 제품 착용 모델 이미지 구현하기 / 네 컷 만화 그리기 / 인포그래픽 만들기 / 로고 제작하기 / 유튜브 섬네일 생성하기 / 포스터 만들기 / 메시지 카드 만들기

7장 | 상상을 구현하는 구글 AI 서비스 경험하기

구글 AI 스튜디오에서 텍스트를 음성으로 변환하는 TTS 기능과 영상을 제작하는 Veo 3.1을 실습해봅니다. 구글 랩스의 믹스보드에서 아이디어 보드와 프레젠테이션도 생성해봅니다.

[이런 걸 배워요]

구글 AI 스튜디오 살펴보기 / AI가 읽어주는 음성 파일 만들기 / Veo 2 vs Veo 3.1 차이 / Veo 2로 영상 만들기 / Veo 3.1로 이미지를 영상으로 변환하기 / 믹스보드에 아이디어 시각화하기 / 믹스보드를 발표용 프레젠테이션으로 구성하기

책의 구성 살펴보기

초보자가 쉽게 따라올 수 있도록 간단하고 직관적으로 구성했습니다. '시작해볼까요?'로 학습 포인트를 먼저 확인하고, '정리해볼까요?'에서 배운 내용을 복습합니다.

시작해볼까요?
학습 전에 배울 내용을 미리 확인할 수 있습니다.

실습 파일
학습에 필요한 실습 파일입니다. 다운로드하는 방법은 012쪽을 참고하세요.

TIP
실습을 진행할 때 알아두면 도움이 되는 정보와 추가 설명입니다.

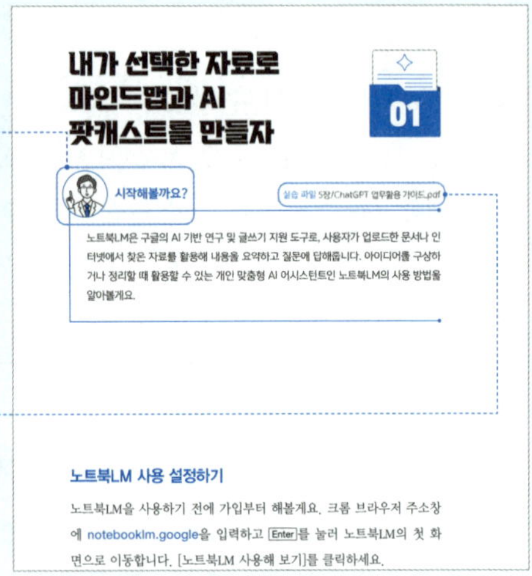
내가 선택한 자료로 마인드맵과 AI 팟캐스트를 만들자

01

시작해볼까요?

실습 파일 5장/ChatGPT 업무활용 가이드.pdf

노트북LM은 구글의 AI 기반 연구 및 글쓰기 지원 도구로, 사용자가 업로드한 문서나 인터넷에서 찾은 자료를 활용해 내용을 요약하고 질문에 답해줍니다. 아이디어를 구상하거나 정리할 때 활용할 수 있는 개인 맞춤형 AI 어시스턴트인 노트북LM의 사용 방법을 알아볼게요.

노트북LM 사용 설정하기

노트북LM을 사용하기 전에 가입부터 해볼게요. 크롬 브라우저 주소창에 notebooklm.google을 입력하고 Enter를 눌러 노트북LM의 첫 화면으로 이동합니다. [노트북LM 사용해 보기]를 클릭하세요.

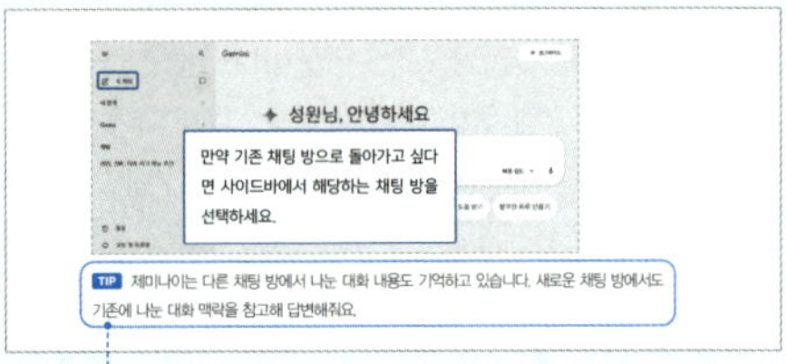

TIP 제미나이는 다른 채팅 방에서 나눈 대화 내용도 기억하고 있습니다. 새로운 채팅 방에서도 기존에 나눈 대화 맥락을 참고해 답변해줘요.

조금 더 가볼까요? **제미나이의 답변이 여전히 마음에 들지 않는다면?**

다섯 가지 방법을 썼는데도 제미나이의 답변이 마음에 들지 않는다면 답변을 한 번 더 요청해보세요. 다음과 같은 상황에 사용해보면 좋습니다.

조금 더 가볼까요?

왕초보 수준에서 한 걸음 더 나아가서 실력을 좀 더 쌓을 수 있게 도와줍니다.

❻ Gems : 나의 요청 사항에 맞춰 최적화된 답변을 제공하는 개인 맞춤형 제미나이를 만들 수 있습니다.

097쪽 특정 목적을 수행하는 AI 비서 젬을 만나보자

❼ 최근 채팅 목록 : 최근에 나눈 대화 기록이 표시됩니다. 대화를 진행할수록 목록이 쌓입니다.

내용 찾아보기

관련된 내용을 찾아볼 수 있도록 안내합니다.

1분만요! 누나IT의 1분 영상 강의

누나IT 유튜브 채널에서 1분 쇼츠를 시청하고 **<유튜브 영상 링크 복사해서 핵심 내용 파악하기>**를 복습해보세요.

QR 코드 인식이 어렵다면 유튜브 검색창에 누나IT 유튜브 핵심 내용 파악을 검색하세요.

정리해볼까요?

- 제미나이에 유튜브 영상 링크와 함께 영상 요약 관련 프롬프트를 입력하면 순식간에 영상 내용을 분석해 핵심을 요약해줍니다. 핵심 아이디어나 주요 개념, 중요한 장면 등을 정리할 때 편리해요.
- 제미나이는 유튜브와 연동성이 뛰어나기 때문에 외국어로 된 유튜브 영상을 한국어로 바로 번역하거나 요약해주고, 대본을 추출해 외국어나 한글로 표시해줍니다.

누나IT의 영상 강의

실습 과정이나 학습에 도움이 되는 무료 영상 강의입니다. QR 코드를 스캔하는 방법은 010쪽을 참고하세요.

정리해볼까요?

배운 내용을 요약, 정리했습니다. 주요한 개념과 기능을 복습합니다.

영상 강의 재생하기

IT 왕초보를 대상으로 오랜 기간 강의를 해온 '누나IT'의 친절한 제미나이 강의를 확인할 수 있습니다. QR 코드를 스캔해서 영상 강의를 시청해 보세요.

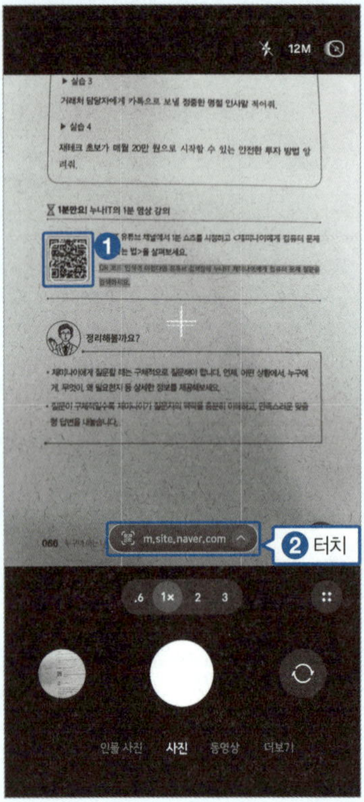

1. QR 코드 스캔하기

01 본문 내에 있는 영상 강의 QR 코드를 확인합니다. 스마트폰의 기본 카메라 앱을 실행합니다. QR 코드에 카메라 초점을 맞춥니다.

02 잠시 후 접속할 수 있는 링크가 나타나면 터치합니다. 유튜브 영상이 자동으로 재생됩니다. 재생되지 않는다면 [재생] 버튼을 터치합니다.

2. 누나IT 유튜브 채널에서 시청하기

01 누나IT 유튜브 채널에 접속하고 [재생 목록]을 클릭합니다.

- www.youtube.com/@누나IT

02 [생성된 재생목록]에서 [누구나 아는 나만 모르는 제미나이]를 찾아 클릭하면 강의를 시청할 수 있습니다.

3. 유튜브에서 키워드 검색하기

QR 코드로 영상을 재생하기 어렵다면 유튜브 검색창에 '키워드'를 입력하세요. 관련된 제목의 영상 강의가 나타나면 클릭해서 시청할 수 있습니다.

3분만요! 누나IT의 3분 영상 강의

영상 강의 제목

누나IT 유튜브 채널에서 3분 영상을 시청하고 **<나노바나나 프로 완전 분석, 10가지 충격적인 기능>**을 살펴보세요.

QR 코드 인식이 어렵다면 유튜브 검색창에 **누나IT 나노바나나 프로**를 검색하세요.

키워드

실습 파일 활용하기

이 책에 사용된 실습 파일은 한빛+ 홈페이지(www.hanbit.co.kr) 또는 자료실(www.hanbit.co.kr/src/51007)에서 다운로드할 수 있습니다. 다운로드한 파일은 압축을 해제한 다음에 사용하세요.

01 한빛+ 홈페이지(www.hanbit.co.kr)에 접속합니다. 메인 페이지에서 자료실을 클릭합니다.

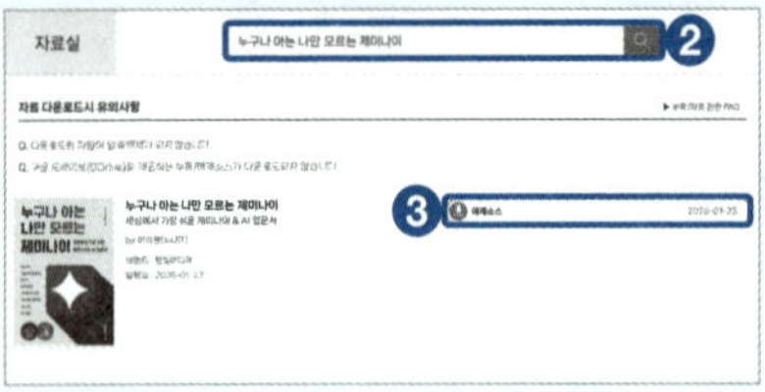

02 자료실 도서 검색란에 도서명을 입력하고 검색(돋보기)을 클릭합니다.

03 선택한 도서 정보가 표시되면 [예제소스]를 클릭해 실습 파일을 다운로드합니다.

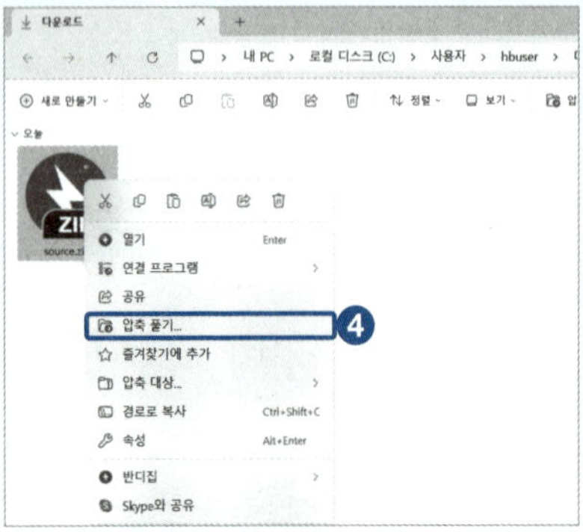

04 다운로드한 파일을 마우스 오른쪽 버튼으로 클릭하고 [압축 풀기]를 클릭합니다.

▶ 일러두기

이 책의 일부 이미지와 실습 파일은 인공지능으로 생성했습니다.

0장

왕초보가 제미나이를 배워야 하는 이유

회원 가입조차 필요 없다

구글 계정만 있으면 제미나이를 사용할 수 있어요

왕초보가 AI를 배우려다가 포기하는 이유는 가입하고 설정하는 과정이 복잡해서입니다. 하지만 구글이 만든 AI 제미나이는 별도의 회원 가입이 필요 없습니다. 혹시 지금 삼성 갤럭시 스마트폰을 쓰고 있나요? 갤럭시의 운영체제인 안드로이드를 구글이 만들었기 때문에 여러분은 이미 구글 계정이 있습니다. 구글 계정으로 사용하는 제미나이를 켜기만 하면 바로 활용할 수 있어요.

054쪽 스마트폰에서 제미나이를 사용하자

구글 생태계와 완전히 연동된다

유튜브, 캘린더, 지메일 등 구글 기능을 연동해 활용해요

우리는 알게 모르게 구글이 만든 서비스를 정말 많이 쓰고 있습니다. 매일 보는 유튜브, 일정을 등록하는 구글 캘린더, 업무 연락을 주고받는 지메일까지 말이죠. 제미나이의 강력한 장점은 이 모든 서비스와 연동된다는 점입니다.

1시간짜리 유튜브 영상 내용 요약해줘

이번 주에 온 메일 요약해줘

내일 8:00 아침 미팅 캘린더에 등록해줘

이렇게 요청하면 제미나이가 구글 서비스와 연동해 원하는 바를 바로 해결해줍니다. 그뿐만 아니라 구글 드라이브에서 작성한 문서 목록을 살펴볼 수도 있고, 구글 맵으로 맛집을 찾아 구글 스프레드시트에 정리할 수도 있어요.

이처럼 제미나이는 여러 구글 서비스를 한 번에 이어주며, 복잡한 작업을 말 한마디로 정리해주는 든든한 비서 역할을 합니다. 익숙한 구글 기능부터 활용하다 보면 제미나이를 쓰는 게 더 자연스럽게 느껴질 것입니다.

077쪽 제미나이와 구글 워크스페이스를 @로 연결해 업무 효율을 높이자

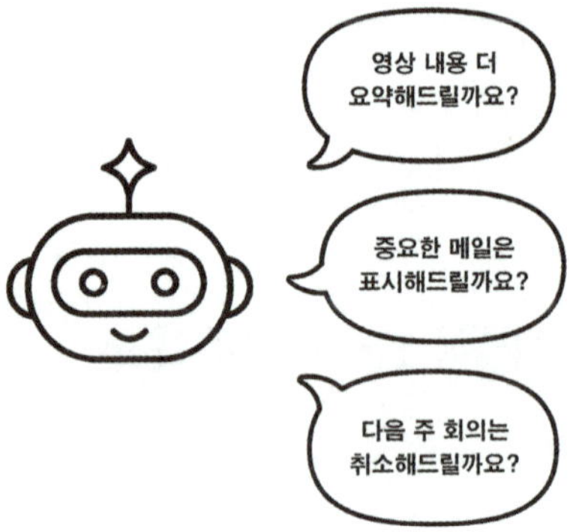

타자가 귀찮으면 음성으로 물어본다

음성 입력 기능이 있어서 편리해요

컴퓨터나 스마트폰이 익숙하지 않은 분 중에는 타자가 느리거나 불편한 분들도 있습니다. 특히 스마트폰을 쓸 때는 작은 화면 때문에 눈이 아파지기도 하죠. 제미나이는 꼭 타자로 글자를 입력하지 않아도 됩니다. 음성으로 말해도 내 말을 완벽하게 알아듣고 답변해줍니다.

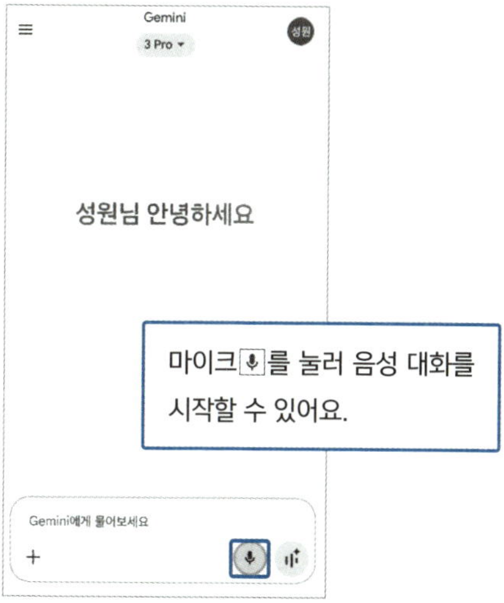

집들이 선물 추천해줘

집들이 선물은 받는 사람과의 관계와 예산에 따라 '센스 있다'는 기준이 달라지죠. 요즘 트렌드를 반영하여 실패 없는 무난한 선물부터 '오, 이거 요즘 핫한 건데?' 하는 소리를 들을 수 있는 선물까지 가격대와 상황별로 정리해드릴게요.

길게 설명하지 않고 떠오르는 말을 그대로 하면 제미나이가 상황에 맞게 내용을 정리해줍니다. 타자를 치기 어려운 분들도 음성으로 질문하고 답을 받으며 부담 없이 사용할 수 있습니다.

이미지도 상상한 대로 그려준다

나노바나나 프로를 활용하면 포토샵이 필요 없어요

제미나이에서 무료로 쓸 수 있는 나노바나나 프로는 구글의 초강력 이미지 생성 기술을 기반으로 만든 최신 AI 이미지 생성 모델입니다. 포토샵을 배우지 않아도 누구나 고품질의 이미지를 생성할 수 있어요.

사진의 배경을 그랜드 캐니언 앞에서 촬영한 모습으로 만들어줘

인물의 세부적인 요소는 유지한 채로 배경만 그랜드 캐니언으로 변경되었어요. 정말 신기하죠?

나노바나나 프로는 사진의 배경을 바꿔주는 작업뿐만 아니라 상상할 수 있는 모든 이미지를 생성 및 편집할 수 있도록 도와줍니다. 실생활에서 유용하게 쓸 수 있는 로고 · 인포그래픽 · 유튜브 섬네일 · 포스터 · 메시지 카드 등 글씨가 들어간 이미지도 말 한마디로 만들 수 있습니다.

153쪽 나노바나나 프로를 만나보자

무료로도 충분하다

돈 안 내도 공짜 AI 비서가 생겨요

많은 분이 "그거 다 돈 내고 써야 하는 거 아닌가요?"라고 걱정합니다. 제미나이는 무료 버전만 사용해도 충분합니다. 질문하고 대답을 받는 기본 기능은 물론이고, 나노바나나 프로도 하루 약 2~4회까지 활용할 수 있습니다. 특히 내 요청 사항에 따라 특정 목적을 수행하는 나만의 맞춤형 AI 챗봇 '젬'이라는 기능까지 무료로 쓸 수 있어요. 우선 무료로 사용해보고 필요해질 때 유료로 전환해도 늦지 않습니다.

하나만 잘하는 게 아닌 육각형 AI다

제미나이는 만능 재주꾼이에요

제미나이가 요즘 대세인 이유는 육각형 AI이기 때문입니다. 어느 한쪽만 잘하는 게 아니라 텍스트 · 이미지 · 영상 · 오디오 · 자료 분석 · 코딩, 모든 면에서 뛰어난 능력을 보여줘요. 이를 전문 용어로 '멀티모달(Multi-modal)'이라고 하는데 쉽게 말해 눈, 귀, 입이 다 트인 AI라고 생각하면 됩니다.

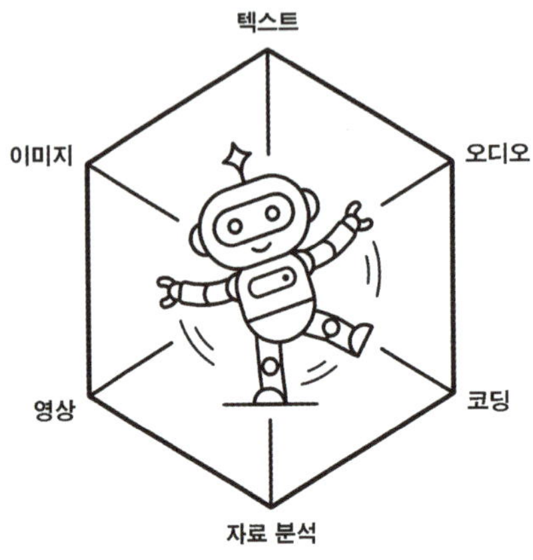

◀ 제미나이는 못 하는 게 없는 육각형 AI입니다

첨부한 PDF 문서의 핵심 정보만 요약해줘

첨부한 이미지를 움직이는 영상으로 만들어줘

냉장고 사진 속 재료로 할 수 있는 요리 레시피 추천해줘

내가 지금 하는 말을 영어로 통역해서 들려줘

어떤 요청이라도 좋으니 제미나이에게 물어보세요. 질문에 대한 답은 물론이고, 다음 질문을 예상하여 제안도 해줘요. 강력한 육각형 AI 제미나이와 함께라면 원하는 모든 것을 더 빨리, 더 쉽게 구현할 수 있어요.

3분만요! 누나IT의 3분 영상 강의

누나IT 유튜브 채널에서 3분 영상을 시청하고 **<왕초보가 제미나이를 배워야 하는 이유>**를 복습해보세요.

QR 코드 인식이 어렵다면 유튜브 검색창에 누나IT 제미나이를 배워야 하는 이유를 검색하세요.

목차

1장 제미나이를 재미있게 시작해보자

목차

4장 제미나이의 챗봇, 젬을 활용해보자

목차

6장 이미지 생성의 혁명! 나노바나나 프로 활용하기

목차

7장 상상을 구현하는 구글 AI 서비스 경험하기

1장

제미나이를 재미있게 시작해보자

복잡한 가입은 NO!
구글 계정으로 시작하자

01

시작해볼까요?

제미나이는 우리가 자주 쓰는 구글이 만든 AI 서비스로, 카카오톡만큼이나 쉽게 접근할 수 있습니다. 이제부터 컴퓨터에서 크롬을 켜고 구글에 로그인하는 방법부터 제미나이에 접속하는 방법까지 차근차근 알아보겠습니다.

크롬 브라우저에서 구글 접속하기

제미나이는 구글에서 만든 AI입니다. 따라서 구글이 만든 브라우저인 크롬(Chrome)에서 가장 잘 작동합니다. 먼저 컴퓨터에서 크롬 브라우저를 찾아서 열어줍니다.

◀ 크롬 브라우저 아이콘은 이렇게 생겼어요

컴퓨터 화면 아래에 찾기 메뉴 또는 시작 메뉴에서 [Chrome]을 찾아 크롬 브라우저를 실행합니다.

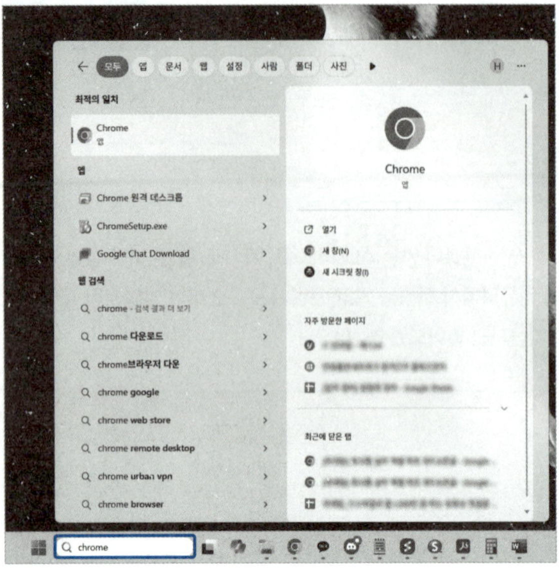

TIP 사용 중인 컴퓨터에 크롬이 없다면 네이버나 다음 등에서 **크롬 다운로드**를 검색해 쉽게 설치할 수 있습니다.

구글 계정 로그인하기

크롬을 실행하면 첫 화면에 구글 메인 화면이 보입니다. 제미나이를 사용하려면 구글 계정으로 로그인해야 합니다. 오른쪽 위에 [로그인]을 클릭합니다.

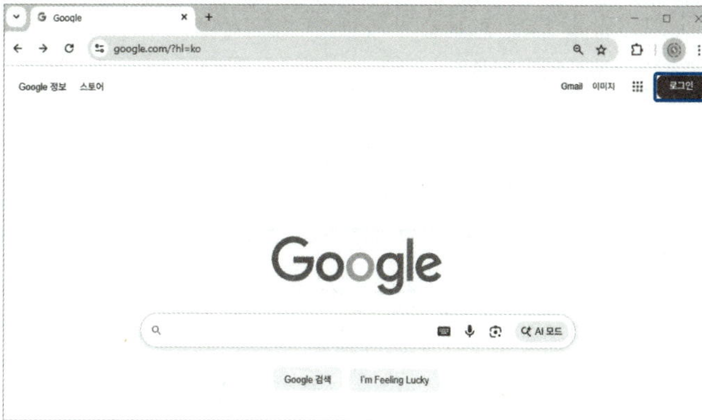

TIP 이미 로그인이 되어 있다면 오른쪽 위에 동그란 프로필 아이콘이 보입니다. 이 경우에는 038쪽으로 이동해 제미나이를 바로 만나보세요.

로그인 화면이 나타나면 구글 계정(이메일이나 휴대전화 번호)을 입력하고 [다음]을 클릭합니다.

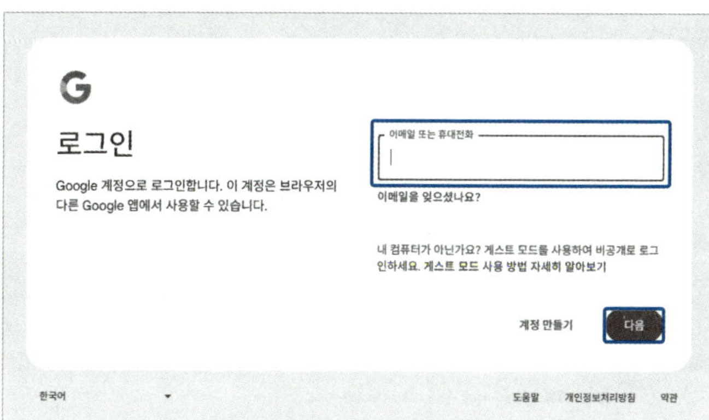

비밀번호를 입력하고 [다음]을 클릭합니다.

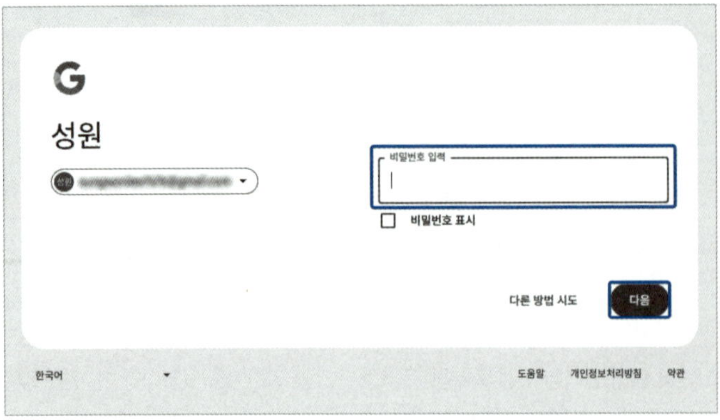

크롬 브라우저 오른쪽 위에 동그란 프로필 아이콘이 보입니다. 로그인이 완료되었어요.

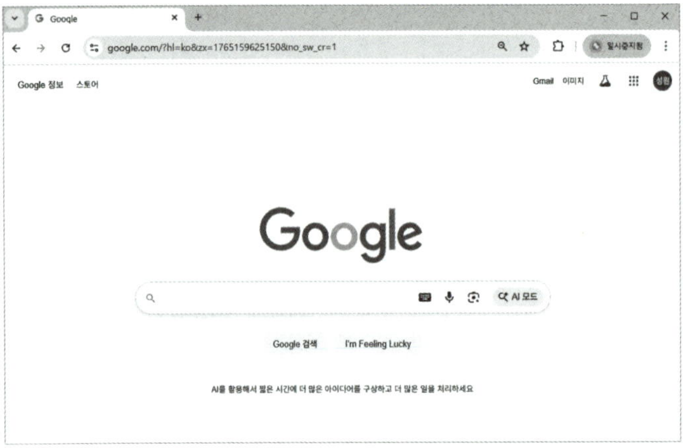

조금 더 가볼까요? 구글 회원 가입하기

구글 계정이 없다면 회원 가입을 합니다. 구글 메인 화면에서 [로그인]을 클릭합니다. 로그인 화면에서 [계정 만들기]를 클릭하고 [개인용]을 선택한 후 [다음]을 클릭합니다.

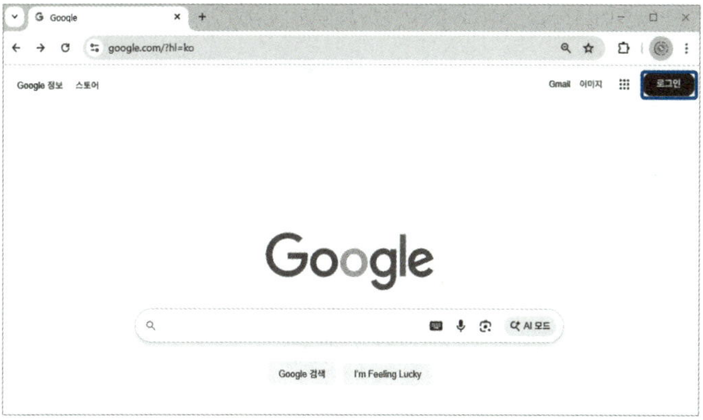

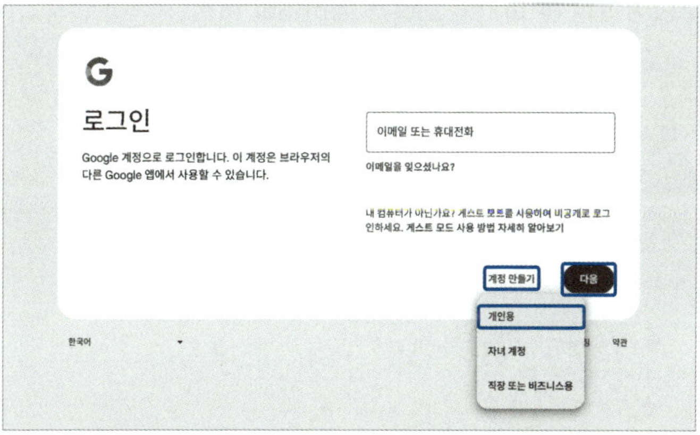

이후 생일과 성별, 사용자 이름(ID), 비밀번호 등을 입력하고, 휴대전화 인증 과정 등을 거쳐 구글 회원 가입을 완료합니다.

제미나이 접속하기

구글에 로그인한 상태에서 크롬 브라우저 오른쪽 위의 구글 앱 버튼⊞을 클릭하고 [Gemini]를 클릭합니다.

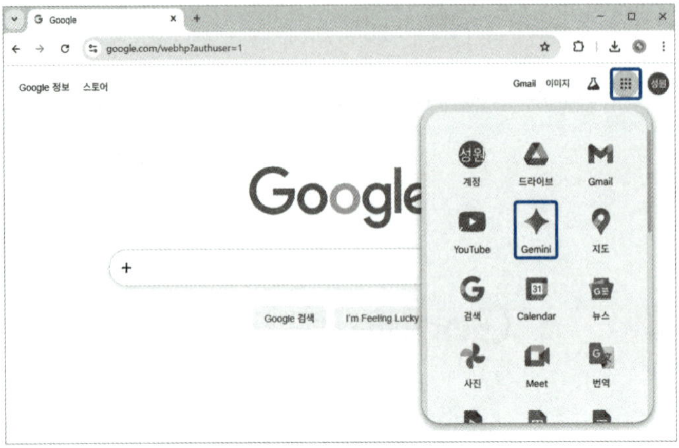

앞으로 우리의 똑똑한 비서가 되어줄 제미나이 메인 화면이 나옵니다.

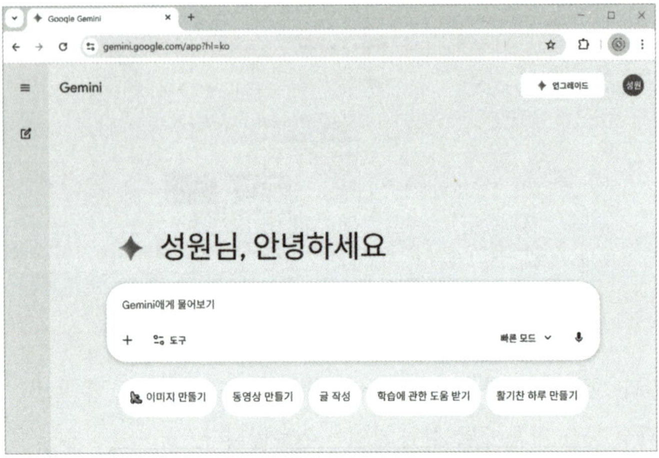

제미나이 무료 vs 유료 버전 차이 알아보기

제미나이를 처음 접한 많은 분이 "제미나이를 무료로 써도 되나요?", "꼭 돈을 내고 유료 버전을 써야 하나요?"라고 물어봅니다. 결론부터 이야기하자면 무료 버전도 훌륭하지만 유료 버전으로 업그레이드하면 더 많은 기능을 활용할 수 있습니다.

제미나이 무료와 유료 버전 차이를 정리한 다음 표를 통해 성능을 비교해보세요.

항목	무료 버전	유료 버전(Pro)
사용 모델	• Gemini 3 Pro(사용량 제한) • Gemini 3 Flash	Gemini 3 Pro
특징	빠르고 효율적인 실속형 모델	복잡한 질문과 추론에 강한 고성능 모델
데이터 처리	짧은 문서, 이미지 중심의 기본 분석	긴 문서, 영상, 복잡한 자료(PDF, 차트 등)의 심층 분석
이미지 생성	하루 생성 수에 제한 있음(고품질 이미지 하루 약 2~4장, 일반 이미지 최대 100장)	하루 생성 한도가 크게 늘어남(품질 상관 없이 약 1,000장)
추가 기능	딥 리서치, 캔버스 기능 제한적 사용	딥 리서치, 캔버스 기능 충분히 사용
가격	무료	월 29,000원

TIP 제미나이 유료 버전에는 Pro 외에도 Ultra가 있습니다. Ultra 버전은 월 36만 원 상당의 고급 버전으로, 일반인들이 사용할 필요는 없어요.

이 책은 제미나이 무료 버전을 기준으로 설명합니다. 대부분의 예제 실습은 무료 버전으로 충분하지만 일부 고급 기능 실습은 유료 버전을 사용했습니다. 더 강력한 기능을 원한다면 언제든 해지 가능한 월 구독으로 유료 버전을 체험해보세요.

조금 더 가볼까요? Pro로 업그레이드하기(유료 구독)

제미나이 메인 화면 오른쪽 위의 [업그레이드]를 클릭합니다.

새 창에서 Google AI Pro에 대한 설명이 표시됩니다. 유료 버전에서 어떤 기능을 활용할 수 있는지 확인하고 아래의 [결제로 이동]을 클릭합니다.

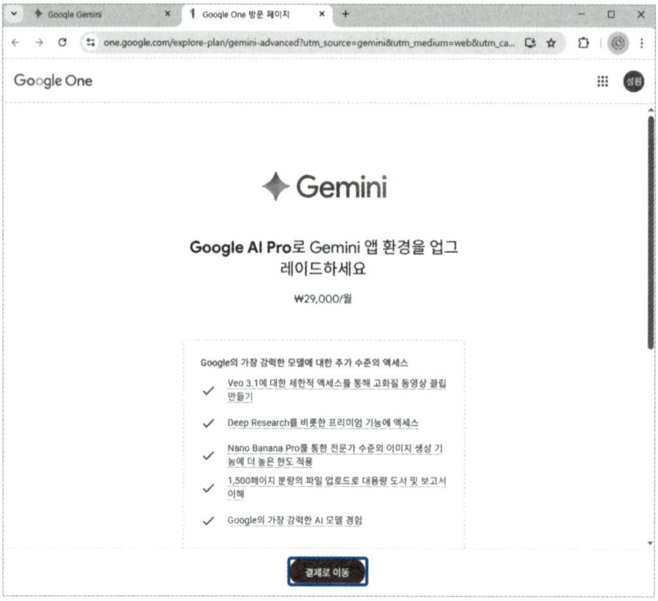

약관을 확인하고 [동의]를 클릭합니다.

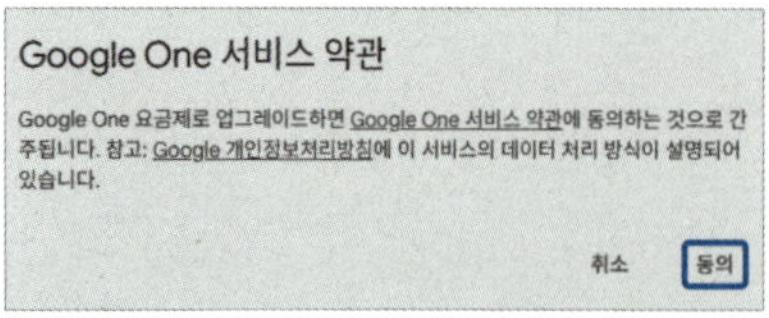

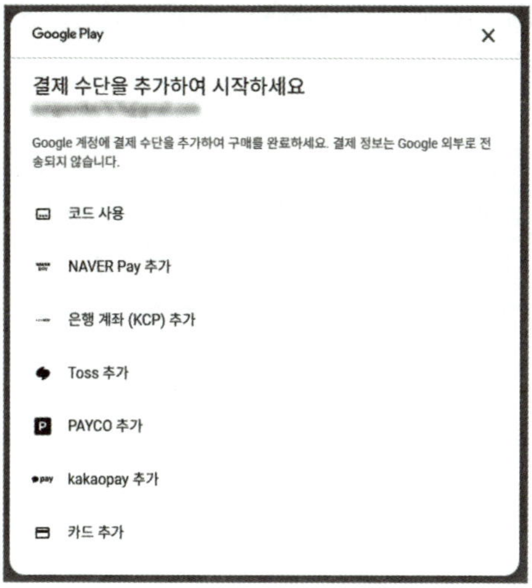

결제 수단을 추가하라는 메시지가 나타나면 원하는 결제 수단을 추가해 유료 구독을 완료합니다.

조금 더 가볼까요?

유료 구독 취소하기

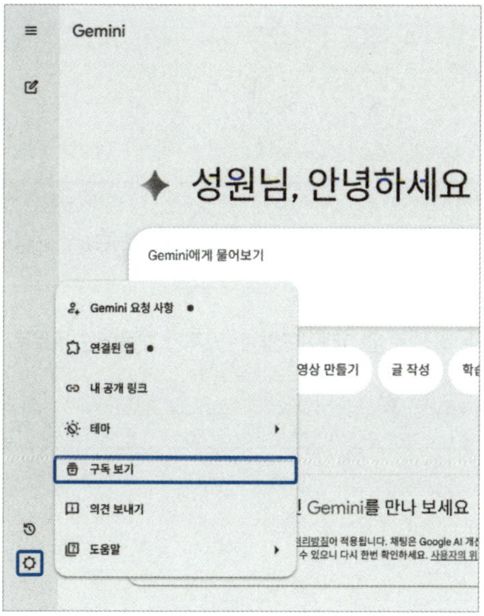

제미나이 메인 화면 왼쪽 아래에 [설정 및 도움말]을 클릭한 후 [구독 보기]를 클릭합니다.

설정창에서 [멤버십 취소]를 선택한 다음 [취소]를 클릭합니다.

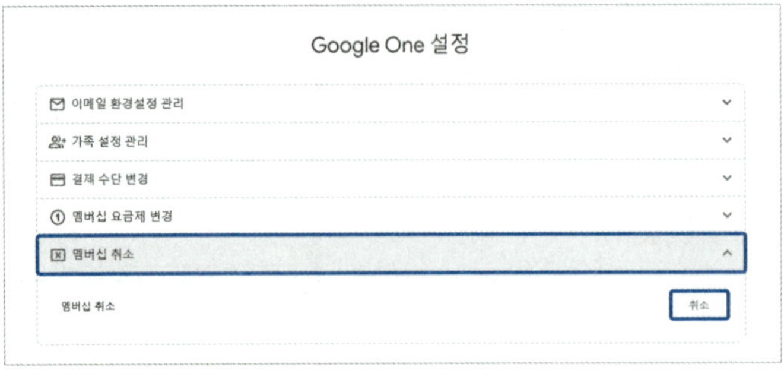

[멤버십 취소]를 클릭합니다. 유료 구독이 취소되었어요.

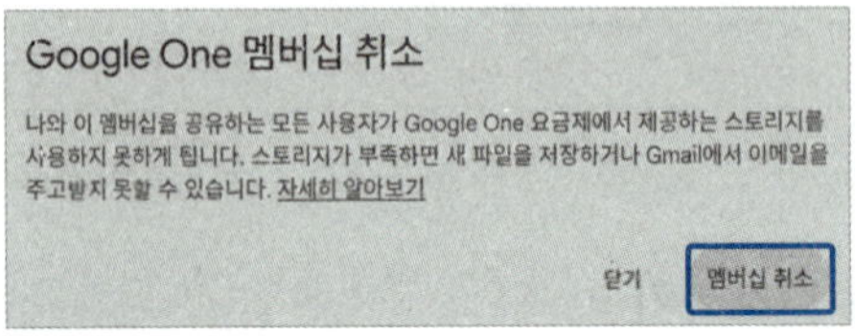

TIP 구독을 취소해도 남은 기간 동안은 유료 버전의 기능을 계속 사용할 수 있습니다.

정리해볼까요?

- 크롬 브라우저를 열고 구글에 로그인한 다음 구글 앱 버튼을 클릭하고 [Gemini]를 선택해 접속하세요.
- 필요한 경우 Google AI Pro(유료 버전)로 업그레이드할 수 있지만 처음에는 무료로도 충분하니 부담 없이 시작해보세요.

제미나이와 첫 대화하기

02

시작해볼까요?

제미나이와 첫 대화를 나눠볼 차례입니다. 어떤 말을 걸어야 할지 너무 고민하지 마세요. 아주 가볍고 쉬운 대화부터 시작해보겠습니다.

제미나이에게 무엇을 물어볼까요?

제미나이 첫 화면에는 '○○님, 안녕하세요'라는 문구가 보입니다. 친근한 환영의 인사이자, 어떤 질문이든 답변할 준비가 되어 있다는 뜻이에요.

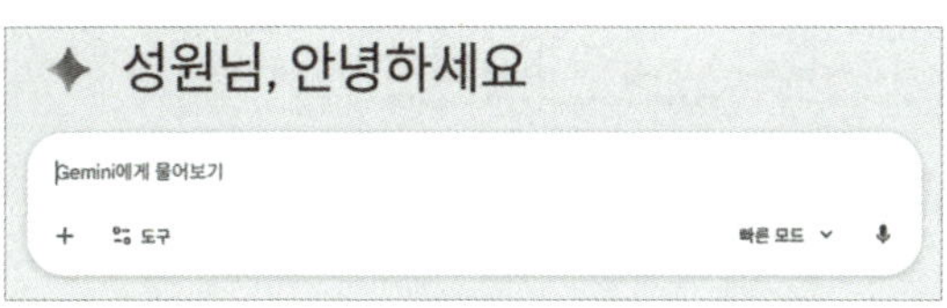

대화창에 궁금한 점을 적어보세요. 처음에는 다음과 같은 가벼운 질문으로 시작해보겠습니다.

냉장고에 계란, 양파, 대파로 만들 수 있는 저녁 메뉴 알려줘

AI의 역사를 알려줘

영어 공부법 알려줘

내용 입력 후에 Enter를 눌러 질문을 전송합니다.

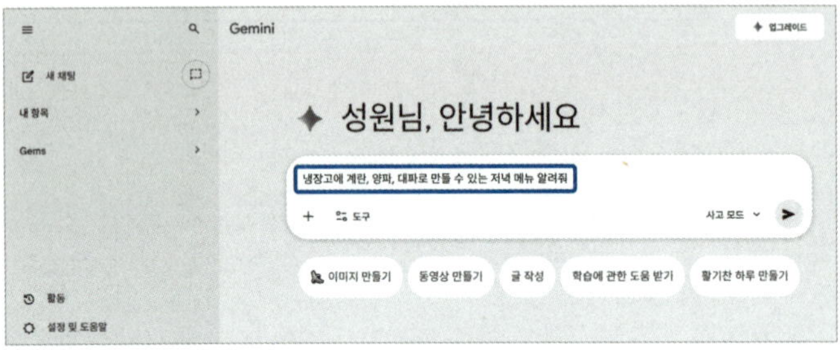

곧바로 제미나이가 대답을 시작합니다. 스크롤을 내려 대답을 확인해보세요.

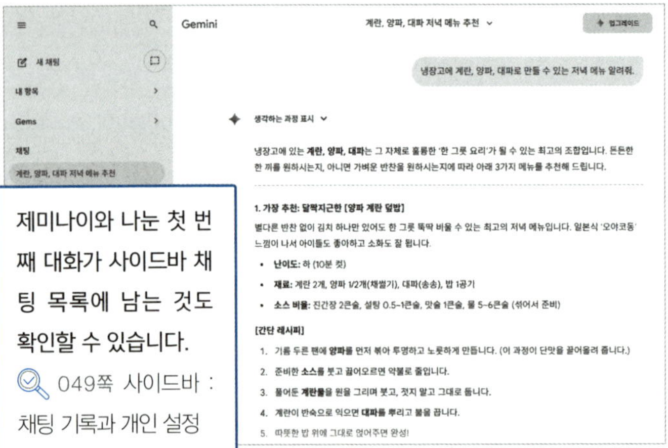

제미나이와 나눈 첫 번째 대화가 사이드바 채팅 목록에 남는 것도 확인할 수 있습니다.

049쪽 사이드바 : 채팅 기록과 개인 설정

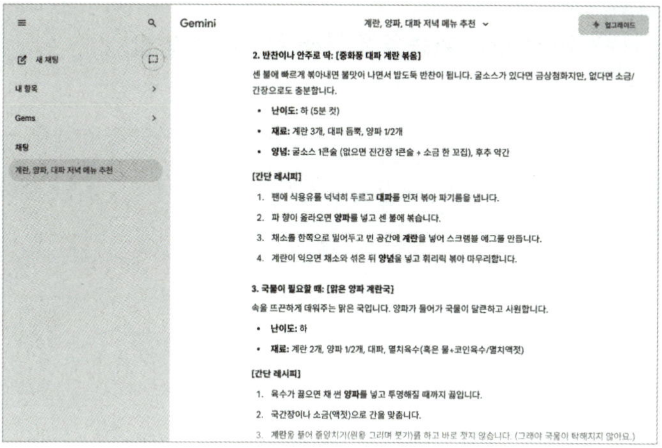

이렇게 제미나이와 첫 대화가 시작되었어요.

새 채팅 시작하기

하나의 채팅 방에서는 하나의 주제에 집중하는 것이 좋습니다. 주제를 바꿀 때는 새로운 대화로 시작해보세요. 대화 주제별로 방을 구분해두면 나중에 필요한 기록을 찾기도 훨씬 수월해집니다.

사이드바에서 [새 채팅]을 클릭하면 지금까지 나눈 대화는 종료되고 새로운 주제로 대화를 시작할 수 있어요.

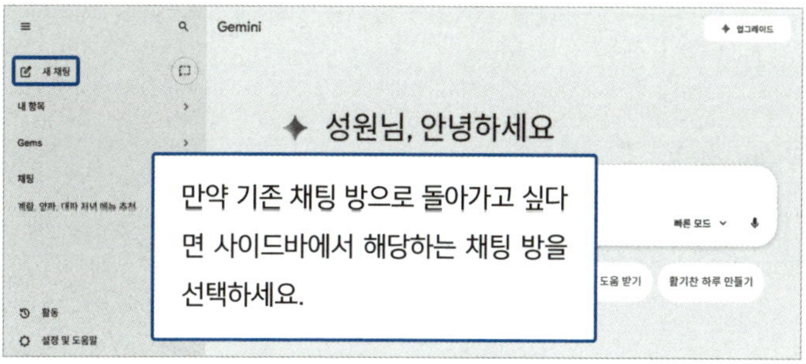

TIP 제미나이는 다른 채팅 방에서 나눈 대화 내용도 기억하고 있습니다. 새로운 채팅 방에서도 기존에 나눈 대화 맥락을 참고해 답변해줘요.

조금 더 가볼까요?

파일 추가 기능을 활용해 질문하는 방법

대화창의 파일 추가 아이콘[+]을 클릭하면 아래와 같은 메뉴를 선택할 수 있습니다.

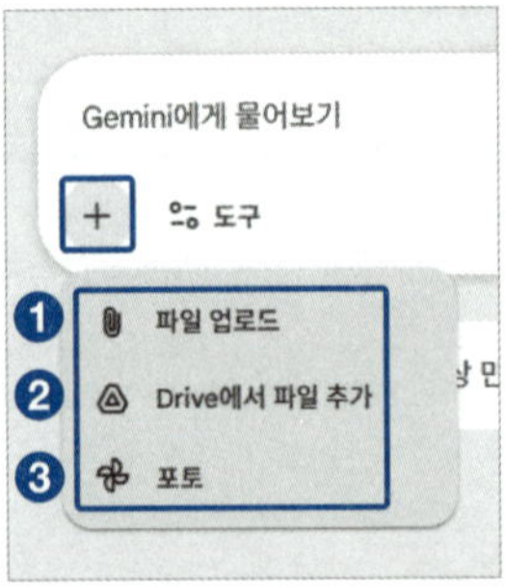

❶ **파일 업로드 :** 내 컴퓨터에 저장된 문서, PDF, 이미지 등 파일을 업로드할 수 있습니다.

❷ **Drive에서 파일 추가 :** 구글 드라이브에 있는 파일을 첨부할 수 있습니다.

❸ **포토 :** 구글 포토에 저장된 사진을 첨부할 수 있습니다.

내 컴퓨터에 저장된 PDF 파일을 업로드해 질문해볼게요. [파일 업로드]를 클릭해 원하는 PDF 파일을 첨부한 후 **PDF 파일의 내용을 요약해줘**라고 입력합니다.

제미나이가 내용을 요약해줍니다.

비상시 국민행동요령...보책자(20
PDF

PDF 파일의 내용을 요약해줘

생각하는 과정 표시

본 홍보책자는 비상시 국민이 스스로를 보호하기 위해 평상시에 준비해야 할 사항과 상황별 행동 요령을 담고 있습니다. 주요 내용은 다음과 같습니다.

1. 비상시 안전을 위해 꼭 기억해야 할 4가지

- **평상시:** 대피 장소를 사전에 파악하고 비상 생존배낭을 준비합니다.
- **비상시:** 신속하게 대피하고, 대피한 후에는 신체를 보호합니다.
- **경청:** 정부 안내 방송에 귀를 기울이며 상황을 파악합니다.
- **질서:** 대피소 내에서 질서를 유지하고 서로 배려하며 행동합니다.

2. 평상시 준비사항

- **대피소 파악:** 네이버 지도, 카카오맵, T맵, '안전디딤돌' 앱에서 '민방위 대피소'를 검색하여 가장 가까운 곳을 미리 확인합니다.
- **생존배낭 꾸리기:** 가족 구성원 각자가 2~3일간 버틸 수 있는 분량으로 준비합니다.
  - **식료품:** 생수, 간편식(조리 불필요한 것)
  - **의약품 및 위생:** 상비약, 화장지, 물티슈
  - **안전 용품:** 손전등, 라디오(건전지 여분 포함), 비옷, 담요
  - **화생방 대비:** 방독면, 마스크, 고무장갑, 장화, 비닐봉투
  - **기타:** 신분증, 중요 서류(보험증서 등), 가족 비상연락카드

3. 민방공 경보 체계 및 행동 요령

- **경계경보:** 공격이 예상될 때 발령됩니다. 즉시 대피할 준비를 하고 가스 및 전원을 차단합니다.
- **공습경보:** 공격이 임박하거나 진행 중일 때 발령됩니다. 신속하게 민방위 대피소나 지하철역, 지하 주차장 등 유리창이 없는 지하시설로 대피합니다.
- **화생방경보:** 화학·생물학 공격 시 발령됩니다. 방독면을 착용하고, 가급적 높은 곳의 실내로 대피하여 외부 공기를 차단합니다.

정리해볼까요?

- 질문이 완벽하지 않아도 괜찮습니다. 친구에게 메시지를 보내듯 편안한 마음으로 대화를 시작해보세요.
- 다른 주제로 대화하고 싶을 때는 새로운 채팅 방을 만들어 질문하세요. 주제별로 방을 나누면 나중에 기록을 찾아보기가 수월합니다.

제미나이 화면과 친해지자

03

시작해볼까요?

제미나이의 화면 구성을 찬찬히 익혀보겠습니다. 단순해 보이지만 생각보다 다양한 기능이 숨어 있어요. 이 기능들을 활용하면 제미나이와 더욱 풍성하게 대화할 수 있습니다.

사이드바 : 채팅 기록과 개인 설정

제미나이의 초기 화면은 왼쪽의 사이드바와 오른쪽의 대화창으로 구성되어 있습니다. 먼저 왼쪽의 사이드바 구성을 알아보겠습니다.

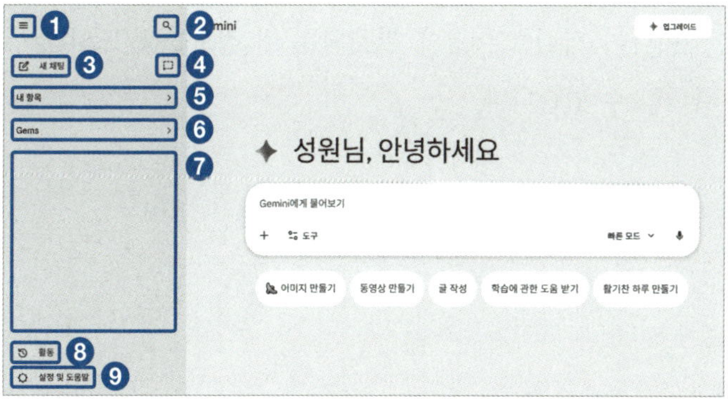

❶ **메뉴 펼치기** : 제미나이에 처음 접속하면 사이드바가 접혀 있습니다. [메뉴 펼치기]를 클릭하면 사이드바를 펼칠 수 있고, 다시 한번 클릭하면 접을 수 있습니다.

❷ **검색** : 대화 목록이 많아졌을 때 키워드를 입력해 채팅 방을 찾을 수 있습니다.

❸ **새 채팅** : 새로운 주제로 대화를 시작하고 싶을 때 사용합니다.

❹ **임시 채팅** : 민감한 정보를 다룰 때 사용합니다. 임시 채팅에서 대화한 내용은 제미나이 모델 학습에 사용되지 않고 일정 시간이 지나면 자동으로 삭제됩니다.

❺ **내 항목** : 제미나이와 함께 만든 이미지, 파일 등의 자료를 한눈에 확인하고 관리할 수 있습니다.

❻ **Gems** : 나의 요청 사항에 맞춰 최적화된 답변을 제공하는 개인 맞춤형 제미나이를 만들 수 있습니다.

097쪽 특정 목적을 수행하는 AI 비서 젬을 만나보자

❼ **최근 채팅 목록** : 최근에 나눈 대화 기록이 표시됩니다. 대화를 진행할수록 목록이 쌓입니다.

❽ **활동** : 제미나이 서비스 이용에 활용되는 내 정보를 별도의 창에서 직접 관리할 수 있습니다.

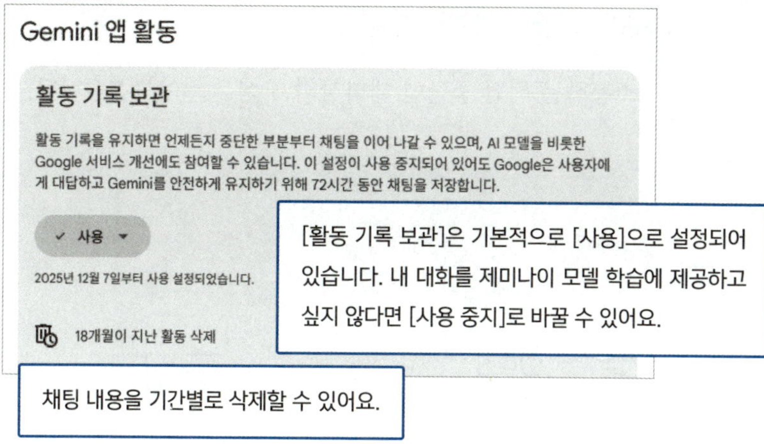

❾ 설정 및 도움말⚙ : 다음과 같은 세부 메뉴를 이용할 수 있습니다.

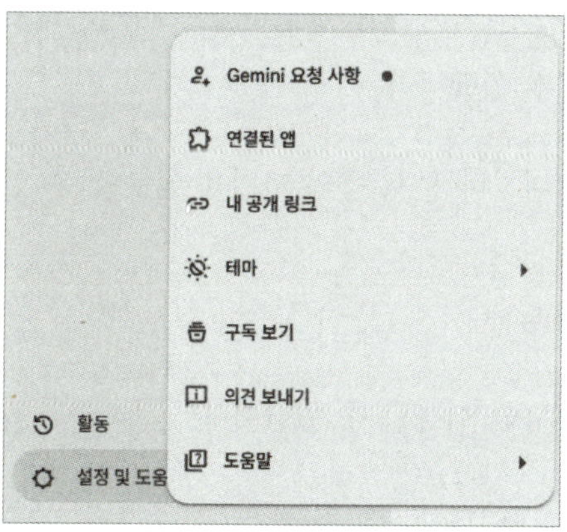

- [Gemini 요청 사항] : 제미나이의 답변 스타일을 나에게 맞게 설정할 수 있습니다.
- [연결된 앱] : 구글의 다양한 앱과 연동해 기능을 확장할 수 있습니다.
- [내 공개 링크] : 다른 사람에게 내용을 공유하기 위한 채팅 링크를 관리합니다.
- [테마] : 화면 모드를 밝게 또는 어둡게 변경할 수 있습니다.
- [구독 보기] : 현재 이용 중인 구독 정보를 확인하거나 변경할 수 있습니다.
- [의견 보내기] : 서비스 오류나 개선 의견을 구글에 전달할 수 있습니다.
- [도움말] : 고객센터 이용 방법과 개인정보 보호 관련 정보를 확인할 수 있습니다.

대화창 : 제미나이와 대화하는 공간

제미나이와 소통하는 핵심 공간인 대화창의 구성을 알아보겠습니다.

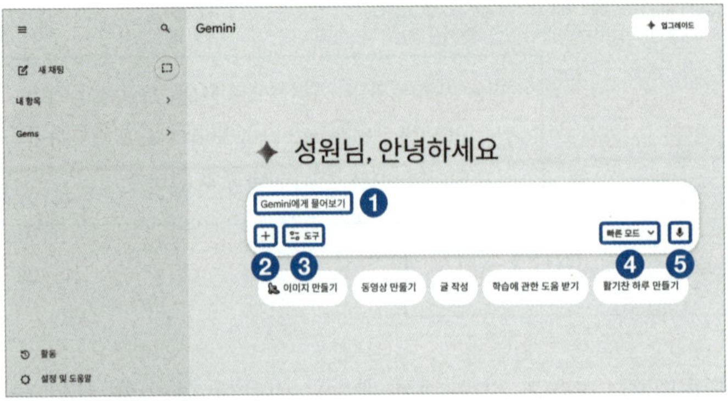

❶ **Gemini에게 물어보기** : 질문을 입력하는 공간입니다. 내용을 적고 [Enter]를 누르면 답변을 받을 수 있습니다.

❷ **파일 추가[+]** : 질문과 함께 이미지나 문서 등의 파일을 첨부할 수 있습니다.

046쪽 파일 추가 기능을 활용해 질문하는 방법

❸ **도구** : 다음과 같은 세부 메뉴를 이용할 수 있습니다.

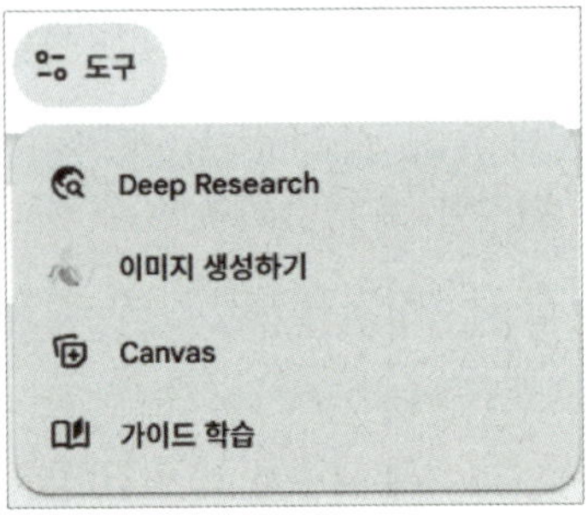

- [Deep Research] : 주제를 심층 분석하여 체계적인 보고서를 작성해줍니다.
- [이미지 생성하기] : 텍스트를 입력해 원하는 이미지를 만듭니다.

153쪽 나노바나나 프로를 만나보자

- [Canvas] : 제미나이가 작성한 자료를 별도 화면에서 직접 수정하고 완성할 수 있습니다.

- [가이드 학습] : 관심 있는 주제를 더욱 깊이 탐구하고 효과적인 방식으로 학습할 수 있게 학습 가이드를 제공합니다.

❹ 모델 선택 : 대화 목적에 맞는 모델을 선택할 수 있습니다.

TIP 제미나이에 처음 접속하면 답변 모드가 [빠른 모드]로 기본 설정되어 있습니다. 간단한 질문은 [빠른 모드]도 좋지만 [사고 모드]를 선택하면 더 좋은 답변을 받을 수 있습니다.

❺ 마이크 사용🎙 : 음성으로 질문할 수 있습니다. 컴퓨터보다 모바일 환경에서 활용도가 높습니다.

056쪽 스마트폰으로 제미나이와 음성 대화하기

정리해볼까요?

- 제미나이 화면은 크게 왼쪽의 사이드바와 오른쪽의 대화창으로 나뉩니다. 사이드바는 기록 관리와 개인 설정을, 대화창은 제미나이와 실질적인 소통을 담당합니다.
- 사이드바와 대화창, 두 영역의 기능을 이해하고 활용하는 것이 제미나이를 잘 사용하는 첫걸음입니다.

스마트폰에서 제미나이를 사용하자

04

시작해볼까요?

스마트폰만 있으면 언제 어디서든 제미나이를 사용할 수 있습니다. 스마트폰에서 제미나이를 실행하고 기본 화면과 주요 기능을 하나씩 살펴보겠습니다. 스마트폰으로 제미나이를 사용하면 마이크를 이용해 음성으로 대화할 수 있다는 점이 큰 매력입니다. 내 손안의 AI, 스마트폰에서 제미나이를 시작해보겠습니다.

스마트폰에 제미나이 앱 설치하기

스마트폰에 제미나이 앱을 설치해보겠습니다. 플레이 스토어 앱을 열고 아래쪽 상태바에서 [검색]을 누른 후 **제미나이**를 입력하세요. 관련 앱이 검색되어 나타납니다.

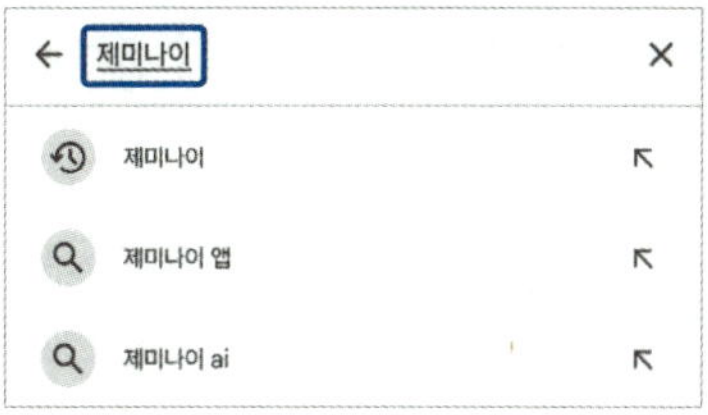

'Google Gemini'라고 써 있는 앱을 선택해 설치합니다. 이미 제미나이 앱이 설치되어 있다면 [업데이트]를 눌러 꼭 업데이트하세요.

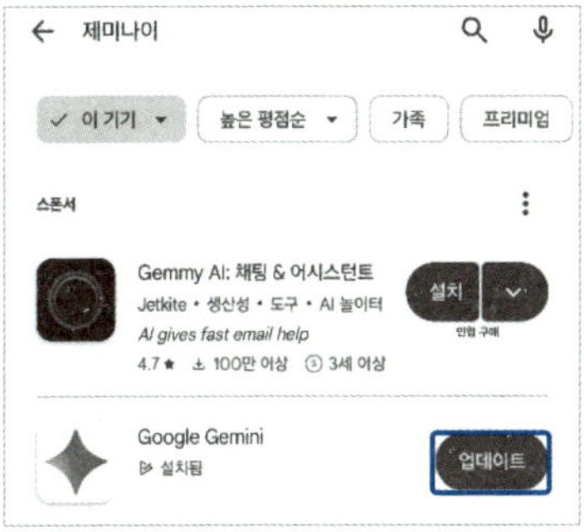

TIP 제미나이 앱은 안드로이드 스마트폰의 기본 앱이라 이미 설치되어 있는 경우가 많아요. 업데이트하여 사용하면 됩니다. 만약 아이폰을 사용한다면 앱 스토어에서 'Google Gemini' 앱을 설치하세요.

스마트폰으로 제미나이와 음성 대화하기

스마트폰에서 제미나이 앱을 실행해 제미나이와 대화해보겠습니다. 타자로 입력하지 않고 음성으로 질문해볼게요.

음성 대화를 시작하려면 화면 오른쪽 아래에 있는 마이크 아이콘을 누릅니다.

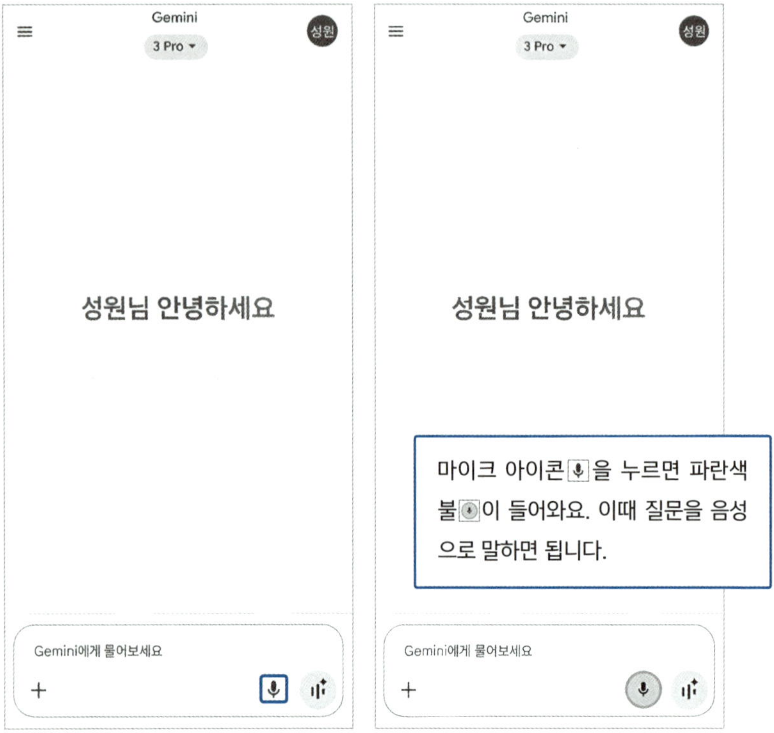

친구의 집들이에 급하게 가는 길이라 가정하고 음성으로 대화해볼게요. 집들이 선물을 추천받아보겠습니다. 다음과 같이 말해보세요.

집들이 선물 추천해줘

제미나이가 음성으로 답변해줍니다. 대화 내용은 화면에 텍스트로도 함께 표시되니, 음성 답변에서 놓친 부분이 있다면 화면의 텍스트를 읽어보며 다시 확인할 수 있어요.

음성 대화 내용 확인하고 다시 질문하기

제미나이의 대답을 확인하고 질문을 이어가볼게요. 다시 마이크 아이콘 을 누르고 다음과 같이 말해보세요.

5만 원대 선물로 추천해줘

제미나이가 추가로 던진 질문 내용에 맞추어 정확한 답변을 내놓습니다.

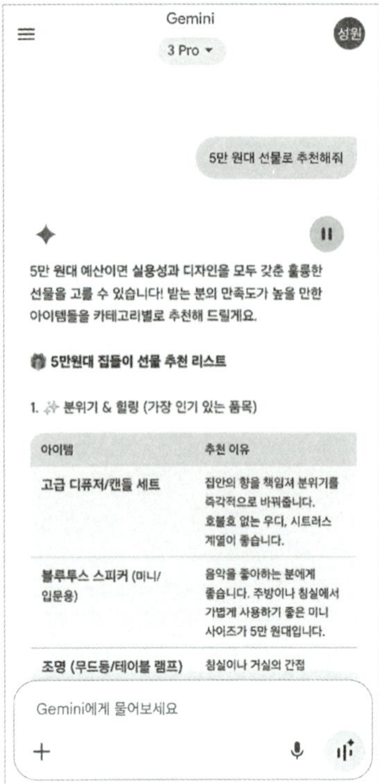

조금 더 가볼까요? 제미나이 라이브 모드로 음성 대화하기

제미나이와 음성으로 대화할 때 마이크 아이콘 옆에 있는 물결 모양 아이콘은 무엇인지 궁금하지 않았나요? 스마트폰에서 제미나이를 쓸 때 활용도가 높은 라이브 모드 기능입니다. 라이브 모드 아이콘을 눌러볼게요.

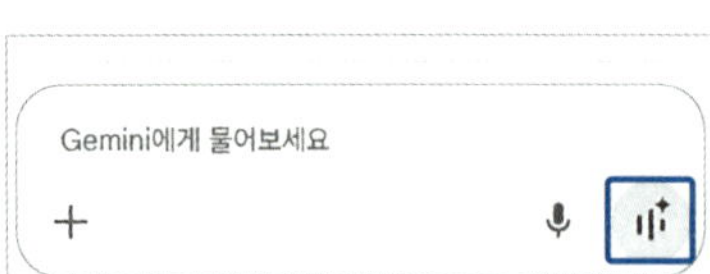

화면이 전환되면서 제미나이가 라이브 모드를 설명해줍니다. 아래에 [더보기]를 누른 후 [확인]을 터치하세요. 라이브 모드에서 사용할 음성을 설정할 수 있습니다. 마음에 드는 음성을 선택하고 [시작]을 눌러 라이브 모드를 사용할 수 있어요.

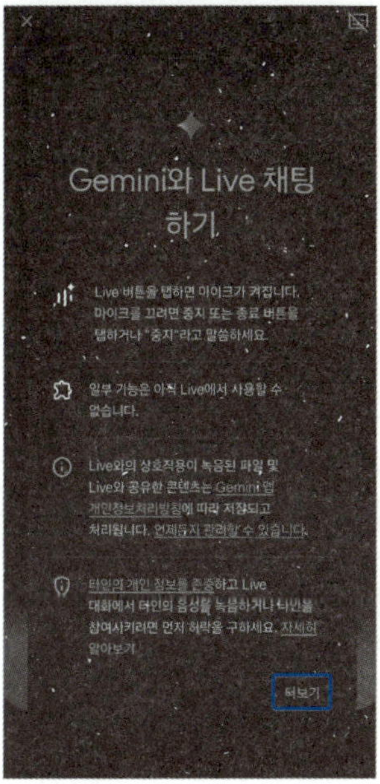

라이브 모드를 활용하면 카메라를 켜서 같은 장면을 보며 제미나이와 대화하거나 스마트폰 화면에 떠 있는 정보를 함께 살펴보며 대화를 나눌 수 있어요. 제미나이의 혁신적인 소통 방식을 직접 경험해보세요.

1분만요! 누나IT의 1분 영상 강의

누나IT 유튜브 채널에서 1분 쇼츠를 시청하고 **<혁신적인 제미나이 라이브 모드 활용하기>**를 살펴보세요.

QR 코드 인식이 어렵다면 유튜브 검색창에 누나IT 제미나이 라이브 모드를 검색하세요.

정리해볼까요?

- 제미나이 앱은 안드로이드 스마트폰에 기본으로 설치되어 있는 경우가 많으니 업데이트하여 사용합니다.
- 간편하게 마이크 아이콘을 눌러 음성으로도 질문해보세요. 답변이 음성과 텍스트로 동시에 제공되어 확인하기 좋습니다.

2장

찰떡같이 통하는 제미나이 질문 기술 익히기

제미나이에게 질문할 때는 구체적으로 하자

01

시작해볼까요?

제미나이와 대화하다 보면 '내가 원하는 답변은 이게 아닌데' 하는 순간이 옵니다. 제미나이가 똑똑하지 않아서일까요? 아닙니다. 대부분은 질문이 너무 막연하기 때문입니다. 제미나이에게 질문할 때 구체적으로 묻는 것이 왜 중요한지 알아보겠습니다.

질문은 구체적일수록 좋아요

제미나이는 똑똑하지만 독심술사는 아닙니다. 질문에 정보가 부족하면 답변도 뻔하고 두루뭉술해질 수밖에 없어요. 제미나이에게는 구체적으로 질문해야 훨씬 더 만족스럽고 정확한 답변을 얻을 수 있습니다.

이어지는 예시를 통해 단순한 질문과 구체적인 질문의 차이를 직접 확인해보겠습니다.

[단순한 질문]

영화 추천해줘

이렇게 질문하면 제미나이는 질문자가 누구인지, 어떤 취향인지 알 수 없어 뻔한 인기 영화 리스트만 나열하게 됩니다. 이럴 때는 누구와 함께 볼 영화인지, 어떤 장르를 보고 싶은지 언급해주면 좋습니다.

[구체적인 질문]

가족과 함께 볼만한 로맨틱 코미디 영화 추천해줘

여기서 좀 더 구체적으로 질문하면 더 좋은 답변을 얻을 수 있습니다.

[좀 더 구체적인 질문]

아내와 함께 볼만한 로맨틱 코미디 영화 중 최근 1년 내 개봉작 추천해줘

타깃(아내), 장르(로맨틱 코미디), 시기(최근 1년)가 명확해졌습니다. 제미나이는 이 조건을 완벽하게 충족하는 맞춤형 영화를 찾아줄 겁니다.

구체적인 질문의 중요성 다시 한번 확인해보기

구체적으로 질문해야 하는 이유를 다른 사례로 한 번 더 알아볼게요.

[단순한 질문]

건강에 좋은 음식 알려줘

이렇게 질문하면 제미나이가 질문자의 건강 상태를 모르기 때문에 일반적인 정보만 제공합니다. 앞에서 배운 대로 구체적으로 질문해보겠습니다.

[구체적인 질문]

콜레스테롤 수치 관리에 좋은 음식 알려줘

특정 건강 문제를 언급했으므로 제미나이가 관련성 높은 정보를 제공할 겁니다. 이 정도도 좋지만 좀 더 구체적으로 질문해보겠습니다.

[좀 더 구체적인 질문]

콜레스테롤 수치가 높은 40대 직장인이 주말에 먹을 수 있는 간편한 음식 추천해줘

개인의 건강 상태와 연령대 등 세부 조건을 추가했으므로 맞춤형 답변을 받을 수 있습니다.

조금 더 가볼까요?

실전 연습! 제미나이에게 구체적으로 질문하기

제미나이에게 직접 실습해볼 시간입니다. 이어지는 질문들을 대화창에 입력해보세요. 색으로 표시한 주요 단어들은 내 상황에 맞게 바꿔서 나만의 질문으로 응용해보는 것도 좋습니다.

▶ 실습 1

출퇴근 시간에 **30대 직장인**이 듣기 좋은 **경제 상식 팟캐스트 채널** 추천해줘.

▶ 실습 2

70대 부모님을 모시고 갈 만한 **국내 효도 여행 코스** 추천해줘.

▶ 실습 3

거래처 담당자에게 카톡으로 보낼 **정중한 명절 인사말** 적어줘.

▶ 실습 4

재테크 초보가 **매월 20만 원**으로 시작할 수 있는 **안전한 투자 방법** 알려줘.

1분만요! 누나IT의 1분 영상 강의

누나IT 유튜브 채널에서 1분 쇼츠를 시청하고 **<제미나이에게 컴퓨터 문제 질문하는 법>**을 살펴보세요.

QR 코드 인식이 어렵다면 유튜브 검색창에 누나IT 제미나이에게 컴퓨터 문제 질문을 검색하세요.

정리해볼까요?

- 제미나이에게 질문할 때는 구체적으로 질문해야 합니다. 언제, 어떤 상황에서, 누구에게, 무엇이, 왜 필요한지 등 상세한 정보를 제공해보세요.
- 질문이 구체적일수록 제미나이가 질문자의 맥락을 충분히 이해하고, 만족스러운 맞춤형 답변을 내놓습니다.

제미나이에게 원하는 답변을 얻는 질문 방법 다섯 가지

02

시작해볼까요?

제미나이에게 구체적으로 질문해도 평범한 답변이 나올 때가 있습니다. 이럴 때는 포기하지 말고 다섯 가지 질문 방법을 활용해보세요. 내가 딱 원하는 답변을 끌어낼 수 있습니다.

하나, 개인 맞춤 설정하기

제미나이가 내 질문에 딱 맞는 답을 못 하는 이유는 내가 누군인지 모르기 때문입니다. 개인 맞춤 설정을 통해 내가 어떤 사람인지, 어떤 스타일의 답변을 원하는지 미리 알려주세요. 제미나이가 사용자 특성에 맞춰 더 정확하게 답변해줍니다.

TIP 제미나이에게 매번 '나는 한국인이야', '이해하기 쉽게 답변해줘'라고 말하는 건 귀찮은 일입니다. 맞춤 설정을 해두면 매번 대화창에 이런 말을 입력하지 않아도 자동으로 적용됩니다.

사이드바 아래에 [설정 및 도움말⚙]을 클릭하고 [Gemini 요청 사항]을 선택합니다.

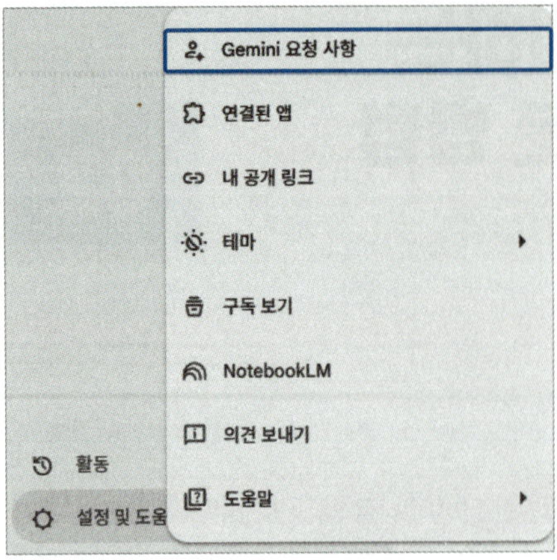

요청 사항을 적을 수 있는 창이 나타나면 [+ 추가]를 클릭합니다.

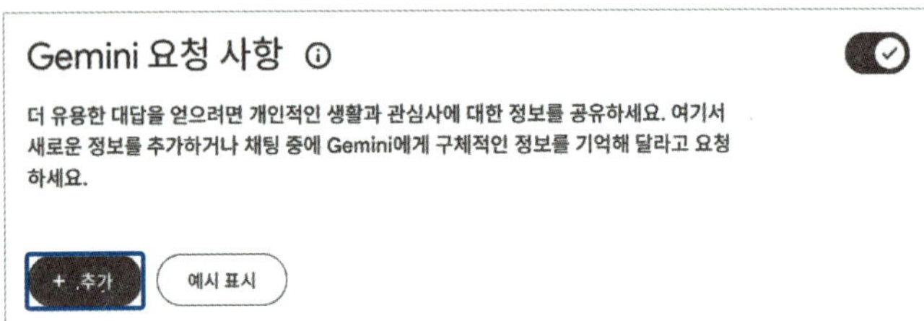

제미나이가 무엇을 기억하길 원하는지 물어보면 개인 맞춤 설정 내용을 입력하고 [제출]을 클릭합니다.

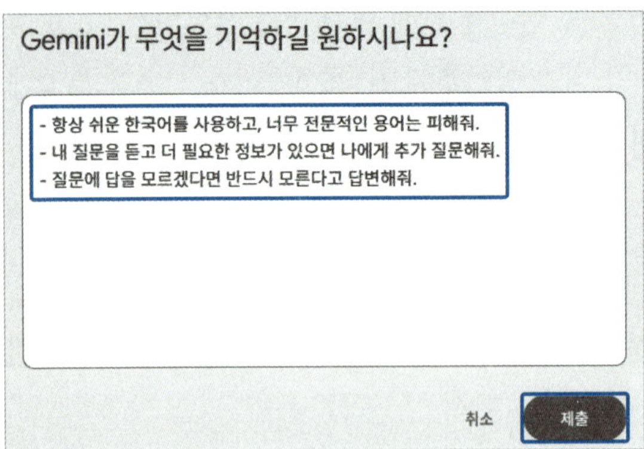

이렇게 한 번 지정해두면 매번 말하지 않아도 제미나이가 알아서 내 취향에 맞춰 똑똑하게 대답합니다.

조금 더 가볼까요? **제미나이 개인 맞춤 설정하기**

맞춤 설정에 어떤 내용을 적어야 할지 모르겠다면 아래 내용을 참고하여 입력해보세요.

일반인용	직장인용
• 나를 '선생님'이라고 불러줘. • 항상 존댓말로 답변해줘. • 현재 자영업을 하고 있으며, 블로그와 유튜브로 정보를 자주 찾아봐. • 건강 관리나 여행에 관심이 많고, 인공지능을 활용한 생활 팁도 배우고 싶어. • 반드시 신뢰할 수 있는 출처를 기반으로 작성해줘.	• 나를 '이 과장'이라고 불러줘. • 답변은 논리적이고 간결하게, 비즈니스 매너를 갖춰서 해줘. • 기획/마케팅 업무를 하는 직장인이야. 보고서 작성, 시장 조사, 이메일 커뮤니케이션 업무가 많아. • 엑셀, PPT, 데이터 분석 팁이 자주 필요해. • 결론부터 말하는 두괄식으로 답변해주고, 긴 설명보다는 요약해서 답변해줘.

둘, 제미나이에게 역할 부여하기

제미나이에게 역할을 부여하면 질문의 의도를 훨씬 정확하게 파악합니다. 어떤 역할을 맡기느냐에 따라 답변의 말투와 깊이가 달라져요. 단순한 정보 나열을 넘어 때로는 날카로운 전문가처럼, 때로는 다정한 선생님처럼 내 상황에 딱 맞춰 대답해줍니다.

[역할 없이 질문]

카페 마케팅 아이디어 좀 알려줘

[역할을 부여해서 질문]

> 너는 창의적인 마케터야. 소규모 카페가 지역 주민을 대상으로 실행할 수 있는 마케팅 아이디어를 제안해줘

다음의 내용도 참고해 제미나이에게 역할을 부여해보세요. 제미나이가 해당 역할에 맞게 답변을 내놓을 겁니다.

- 너는 초등학교 선생님이야. 초등학생도 이해할 수 있게 설명해줘.
- 너는 50대 주부를 위한 재테크 전문가야. 종잣돈 굴리는 법을 설명해줘.
- 너는 헬스 트레이너야. 50대 남성이 무리하지 않으면서 체력을 기를 수 있는 운동 루틴을 알려줘.
- 너는 여행 가이드야. 9박 10일 유럽 여행 일정을 짜줘.

셋, 질문을 질문하기

제미나이에게 질문하는 법이 어렵다면 "이 주제를 어떻게 물어보면 좋을까?" 하고 제미나이에게 질문 만드는 법을 물어보세요. 대화창에 어떤 프롬프트를 쓸지 고민할 필요 없이 제미나이가 질문하는 방법을 알려줍니다.

▶ 상황별 질문 방법

1. **상황** : 사업계획서를 한 번도 만들어보지 않았을 때

▶ **질문** : 사업계획서를 처음 써보는 상황이야. 잘 쓰려면 내가 어떻게 질문해야 돼?

2. **상황** : 면접 연습을 하고 싶은데 시작을 못 할 때

▶ **질문** : 면접 연습을 실전처럼 하고 싶어. 어떻게 요청해야 실제 면접관처럼 도와줄 수 있어?

3. **상황** : 엑셀을 하다가 사용법이 막혔을 때

▶ **질문** : 엑셀 사용 중인데 내 데이터 상황을 어떻게 설명해야 정확한 엑셀 함수를 추천해줄 수 있어?

답변이 잘 이해되지 않으면 "이건 왜 이런 거야?"라고 단순하게 되물어보세요. 제미나이가 자신의 답변을 다시 한번 풀어서 설명하게끔 유도하면 정보는 훨씬 명확해지고 내용은 더욱 풍성해집니다.

넷, 꼬리에 꼬리를 무는 질문하기

제미나이와 한 번에 대화를 끝내려고 하지 마세요. 제미나이는 사람과 대화하는 것과 비슷해서 처음에는 서로 오해가 생길 수도 있어요. 처음 던진 질문에 원하는 답이 돌아오지 않으면 앞선 대화를 바탕으로 질문을 이어가면 됩니다.

[첫 번째 질문]

노트북 추천해줘

시중에 좋은 노트북 모델이 많습니다. 애플 맥북, LG 그램, 삼성 갤럭시 북, 레노버 리전 등이 좋습니다

답변이 일반적입니다. 꼬리를 물어 한 번 더 질문해보겠습니다.

[두 번째 질문]

나는 대학생이고 주로 문서 작업이랑 넷플릭스 영상 시청을 많이 해. 가성비 좋은 노트북으로 추천해줘

[세 번째 질문]

> 학교에 매일 들고 다녀야 하니까 무게는 1.3kg 이하였으면 좋겠고, 가격은 100만 원 초반대인 모델로 딱 세 개만 골라줘

이렇게 상황을 점점 좁혀가면서 질문하면 제미나이도 수많은 데이터 중에서 질문자의 조건에 딱 맞는 정답을 찾아줍니다.

다섯, 예시를 들어 질문하기

질문은 구체적일수록 좋지만 미묘한 뉘앙스나 복잡한 형식을 말로 일일이 설명하기란 쉽지 않습니다. 이럴 때는 예시를 보여주는 게 효과적입니다.

제미나이에게 마케팅 문구 작성을 요청하고 싶다면 대화창에 다음과 같이 입력해보세요.

> 아래 예시 형식에 맞춰서 '블루투스 노이즈 캔슬링 헤드폰'에 대한 마케팅 문구를 작성해줘
>
> - 제품명 : 스탠드형 무선 저소음 선풍기
> - 마케팅 문구 : 바람 소리조차 방해될 때, 세상에서 가장 조용한 시원함을 켜세요. 집중의 온도가 달라집니다.

대화창에서 한 행을 띄우고 싶을 때는 Shift를 누른 상태에서 Enter를 누르세요.

이렇게 예시를 들어주면 제미나이가 정해진 형식에 맞게 답변을 해줍니다.

조금 더 가볼까요?

제미나이의 답변이 여전히 마음에 들지 않는다면?

다섯 가지 방법을 썼는데도 제미나이의 답변이 마음에 들지 않는다면 답변을 한 번 더 요청해보세요. 다음과 같은 상황에 사용해보면 좋습니다.

▶ 말투가 마음에 안 들 때

→ 옆집 언니가 말하듯이 친근한 말투로 바꿔줘.
→ 격식 있는 말투로 바꿔줘. 상사에게 보고할 거야.

▶ 답이 너무 복잡하거나 길어서 읽기 싫을 때

→ 핵심만 딱 세 줄로 요약해줘.
→ 어려운 단어는 빼고 아주 쉽게 설명해줘.

▶ 다른 관점이나 한눈에 보는 비교가 필요할 때

→ 긍정적인 측면만 말하지 말고, 우려되는 부작용이나 단점도 알려줘.
→ 방금 설명한 장단점을 표로 정리해서 보여줘.

▶ 특정 문서 형식이 필요할 때

→ 이 내용을 블로그 포스팅 형식(제목–본문–해시태그)으로 작성해줘.
→ 문장 끝이 '~함', '~음'으로 끝나게 항목별로 정리해줘. 보고서에 바로 쓸 거야.

▶ 번역이나 문장 교정이 필요할 때

→ 이 내용을 자연스러운 비즈니스 영어 이메일로 번역해줘.
→ 이 내용의 오타와 맞춤법을 검사해주고, 더 매끄러운 표현으로 다듬어줘.

조금 더 가볼까요?

제미나이의 답변이 의심된다면?

제미나이는 가끔 그럴듯한 거짓말을 할 때가 있습니다. 없는 사실을 진실인 것처럼 이야기하는데, 이 현상을 '환각(할루시네이션) 현상'이라고 불러요. 만약 제미나이의 답변이 의심되거나 정확한 근거가 필요하다면 다음을 참고해 답변을 요청해보세요.

▶ 출처와 링크 함께 요청하기

질문할 때부터 출처를 요구하면 제미나이가 거짓말을 할 확률이 줄어듭니다. 정확한 근거가 필요한 질문을 할 때는 말꼬리에 **이 내용의 출처(URL)도 함께 알려줘**, **신뢰할 수 있는 뉴스 기사나 논문을 근거로 설명해줘**라고 작성해보세요.

▶ 답변을 검증할 수 있는 질문 던지기

대답의 사실 관계가 의심스럽다면 **방금 말한 수치가 확실한 거야?**, **2026년 데이터가 맞아?**, **이 정보가 틀릴 수도 있어?**라고 작성해보세요.

정리해볼까요?

- 구체적으로 질문해도 제미나이의 답변이 시원치 않을 때는 원하는 답변을 얻는 다섯 가지 질문 방법을 적용해봅니다.
- '개인 맞춤 설정하기', '역할 부여하기', '질문을 질문하기', '연속 질문하기', '예시 활용하기'를 통해 제미나이에게서 더 좋은 답변을 끌어낼 수 있습니다.

3장

구글 워크스페이스 연동하고 유튜브 요약하기

제미나이와 구글 워크스페이스를 @로 연결해 업무 효율을 높이자

01

시작해볼까요?

제미나이는 구글이 직접 만든 서비스이기 때문에 지메일(Gmail), 구글 드라이브(Google Drive), 구글 맵(Google Maps) 등 구글 앱과 연동성이 뛰어납니다. 일상이나 업무에서 자주 사용하는 도구들과 제미나이가 자연스럽게 연결되어 하나의 대화창에서 모든 업무를 처리할 수 있습니다.

제미나이 연결된 앱 활성화하기

제미나이를 제대로 활용하기 위해서는 앱을 활성화해야 합니다. 지메일, 구글 캘린더 등 구글 워크스페이스와 연동하는 방법을 알아볼게요. 사이드바 아래에 [설정 및 도움말]을 클릭하고 [연결된 앱]을 선택하세요.

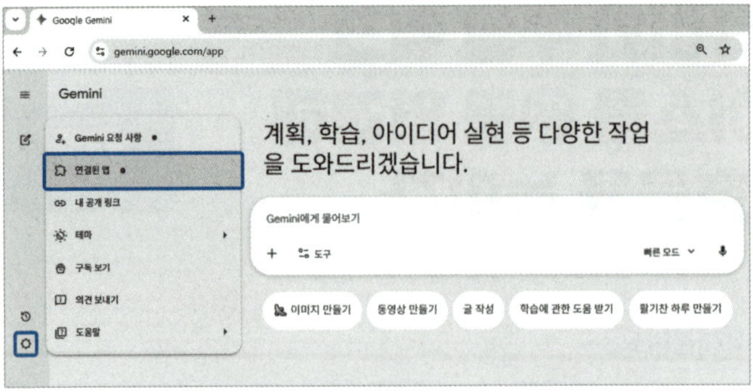

화면에 표시되는 모든 버튼을 클릭해 활성화합니다.

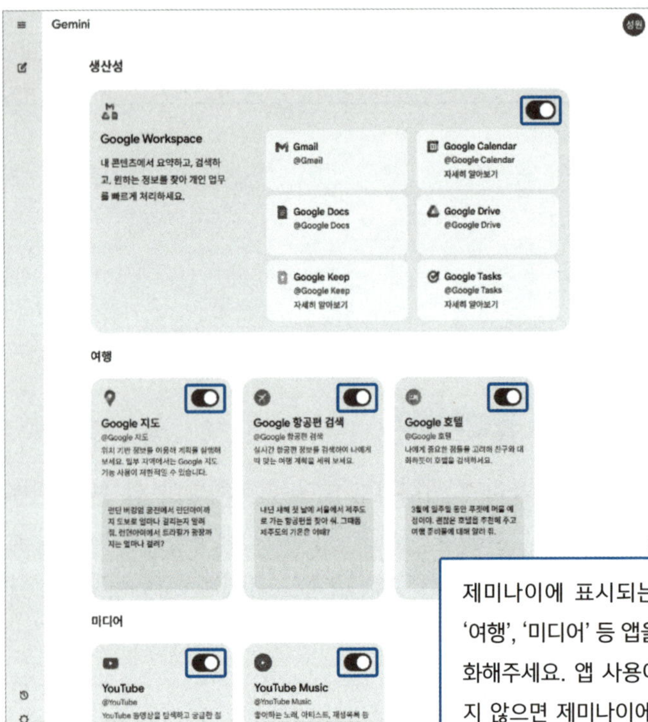

제미나이에 표시되는 '생산성', '여행', '미디어' 등 앱을 모두 활성화해주세요. 앱 사용이 활성화되지 않으면 제미나이에서 구글 서비스에 연결할 수 없습니다.

제미나이와 구글 워크스페이스 연동으로 사용자의 업무 효율을 극대화할 수 있는 방법을 집중해서 살펴볼게요.

지메일 요약하기

제미나이에서는 앱을 따로 열지 않아도 @ 기호만 붙이면 메일, 문서, 캘린더 등 구글의 모든 서비스와 연결됩니다. 대화창에서 바로 파일을 검색하고 메일을 확인하거나 지도를 조회할 수 있어요.

새 채팅을 열고 제미나이 대화창에 @를 입력합니다. Gmail, Google Drive, Google Docs 등 구글 서비스가 목록에 표시되면 [Gmail]을 선택합니다.

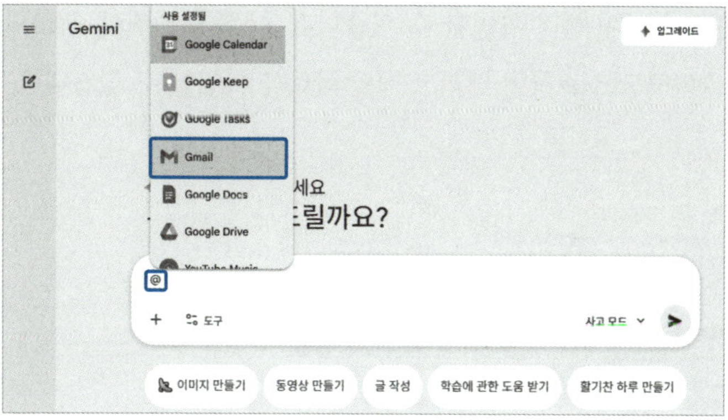

제미나이 대화창에 @Gmail이라고 표시되면 다음과 같이 프롬프트를 입력합니다.

@Gmail 이번 주에 온 메일 요약해서 정리해줘

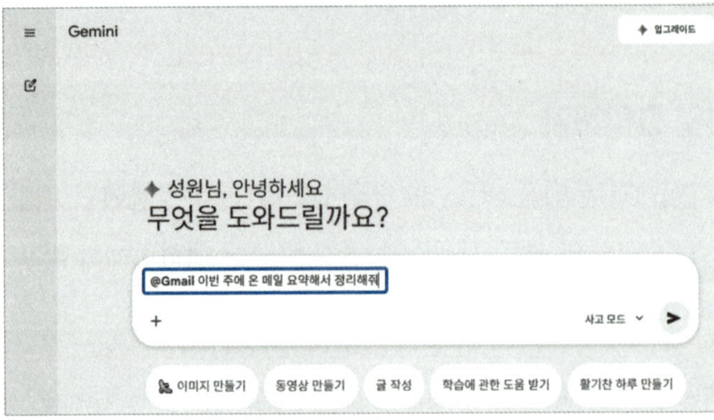

지메일 앱을 따로 열지 않아도 메일 내용을 요약해서 보여줍니다. 링크가 표시된 부분을 클릭해보면 오른쪽에 소스창이 표시되면서 어떤 메일에서 불러온 내용인지 확인할 수 있습니다. 대화창 하단에 표시되는 소스를 클릭해도 소스창이 열리고 메일 목록을 확인할 수 있습니다.

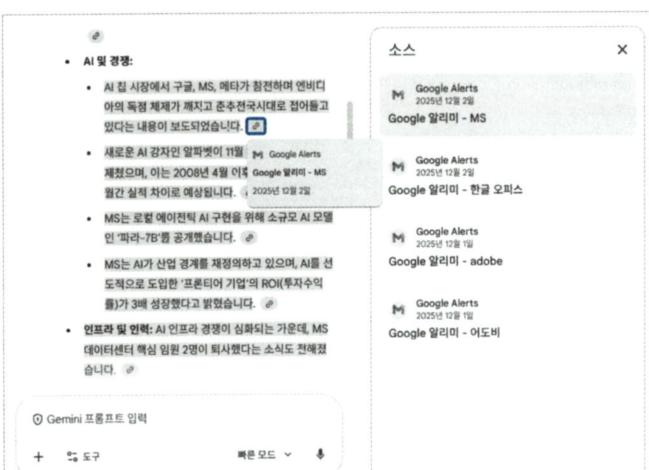

TIP 소스창에 표시된 메일 제목을 클릭하면 지메일이 열리면서 해당 메일을 바로 확인할 수 있습니다.

제미나이의 메일 요약 기능은 지메일에서만 사용할 수 있습니다. 네이버 메일이나 다음 메일과는 연동되지 않아요.

캘린더에 일정 등록하고 삭제하기

구글 캘린더 앱을 따로 열지 않아도 제미나이에 요청하여 간편하게 일정을 등록할 수 있어요. 대화창에 **@Google Calendar 3/20 8:00 아침 미팅**이라고 입력해봅니다.

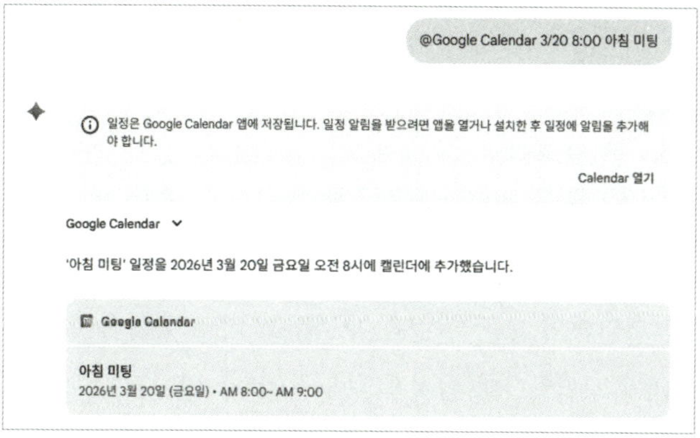

TIP 구글 캘린더에 일정을 등록할 때 굳이 **등록**이라고 입력하지 않아도 일정이 등록됩니다.

구글 캘린더에 아침 미팅 일정이 등록된 것을 확인할 수 있어요.

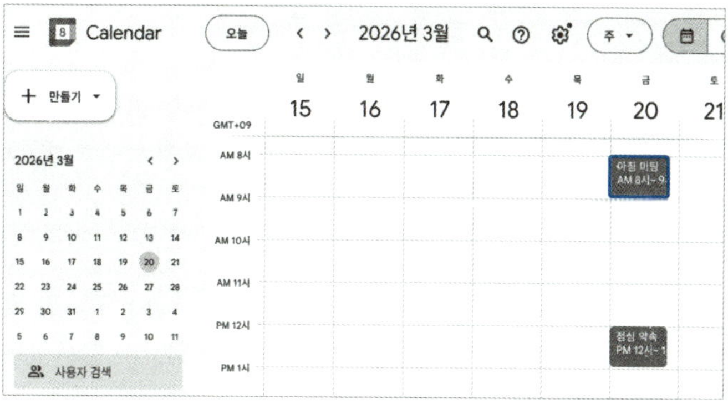

일정을 지우고 싶을 때는 대화창에 이어서 **3월 20일 모든 일정 지워줘**라고 입력합니다.

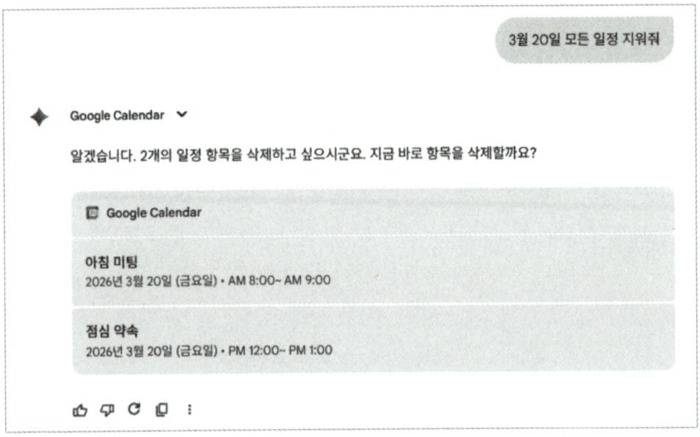

TIP 앞서 등록한 아침 미팅 일정뿐 아니라 이미 등록되어 있는 점심 약속 일정도 한꺼번에 지울 건지 물어봅니다. 아침 미팅 일정만 삭제하고 싶다면 **방금 등록한 일정 삭제해줘** 혹은 **아침 일정만 삭제해줘** 등으로 프롬프트를 수정하세요.

제미나이가 구글 캘린더의 모든 일정을 보여주고 바로 항목을 삭제할지 물어봅니다. **네**라고 입력하면 일정을 모두 지울 수 있어요.

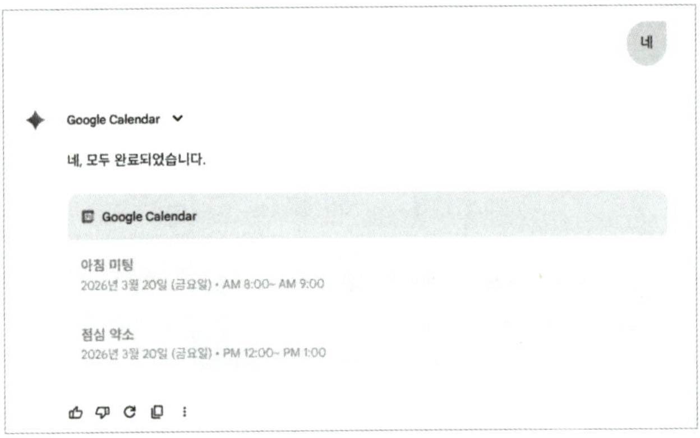

TIP **지운 일정 복구해줘** 혹은 **아침 미팅 일정만 삭제해줘** 등을 활용해서 지운 일정을 다시 등록하거나 일부 일정만 삭제할 수도 있어요.

구글 드라이브에서 작성한 문서 목록 살펴보기

구글 드라이브에 저장한 문서를 찾거나 검색할 때도 제미나이를 활용할 수 있어요. 대화창에 **@**를 입력하고 목록에서 [Google Drive]를 선택합니다.

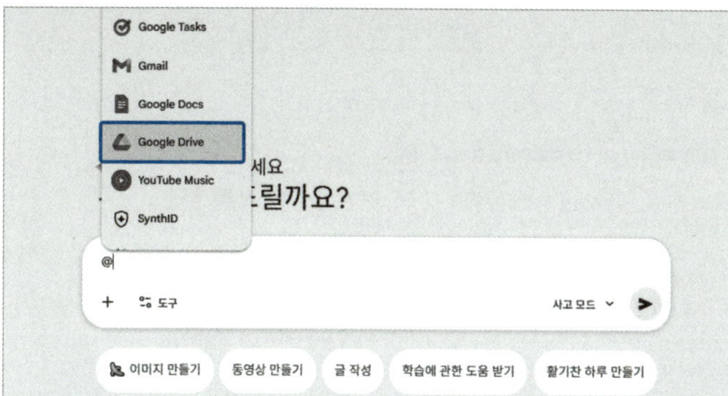

제미나이 대화창에 @Google Drive라고 표시되면 다음과 같이 프롬프트를 입력합니다.

@Google Drive 25년에 저장한 파일 리스트 알려줘

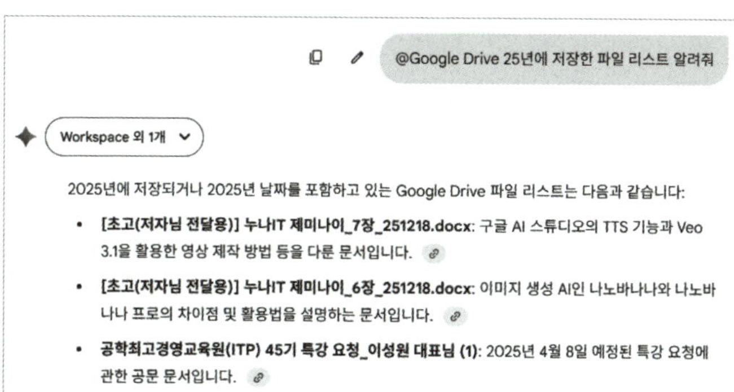

TIP 구글 문서를 자주 사용한다면 @Google Docs를 입력한 후 문서를 정리하거나 원하는 문서를 찾아달라고 요청해보세요.

구글 드라이브에 관련 문서 목록이 표시됩니다. 찾은 문서의 내용을 간단히 요약하거나 어떤 내용인지 확인하고 싶다면 **○○ 자료 요약해줘**나 **○○년도 문서 핵심만 표로 정리해줘** 등으로 상황에 맞게 프롬프트를 수정해보세요.

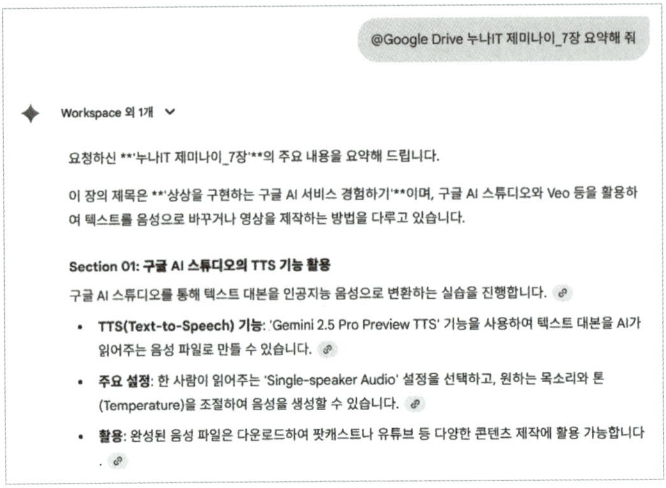

구글 맵으로 장소 검색하고 구글 시트에 정보 정리하기

구글 맵은 장소를 찾거나 길을 검색할 때 자주 사용하는 지도 서비스입니다. 구글 맵에서 원하는 장소를 검색한 후 검색 결과를 구글 스프레드시트에 깔끔하게 정리해보겠습니다.

대화창에 **@Google Maps 서울역에서 평점 4.5 이상 설렁탕 맛집 추천**이라고 입력해보세요.

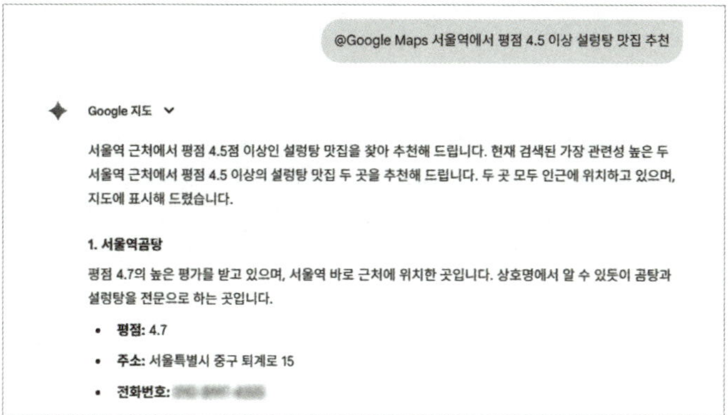

TIP 대화창에 @ 입력 후 나타나는 구글 서비스 목록에는 Google Maps가 표시되지 않지만 대화창에서 직접 입력해 사용할 수 있어요.

요청한 맛집을 검색한 후 맛집 정보와 지도를 함께 표시해줍니다.

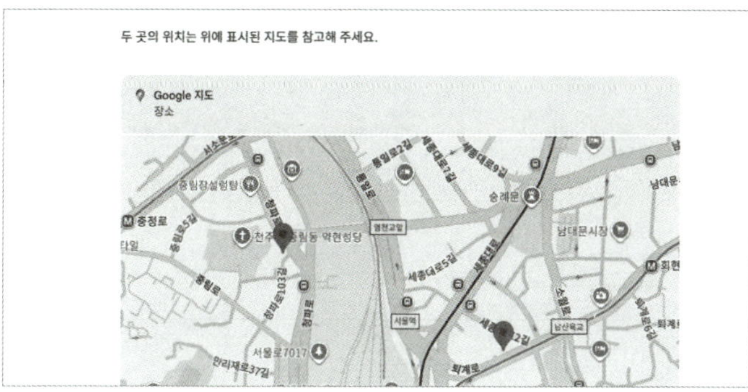

검색 정보를 더 깔끔하게 정리하고 싶다면 **맛집 정보 표로 정리해줘**라고 요청해보세요. 표 스타일로 내용이 정리되면 [Sheets로 내보내기]를 클릭해서 구글 스프레드시트와 연동할 수 있어요.

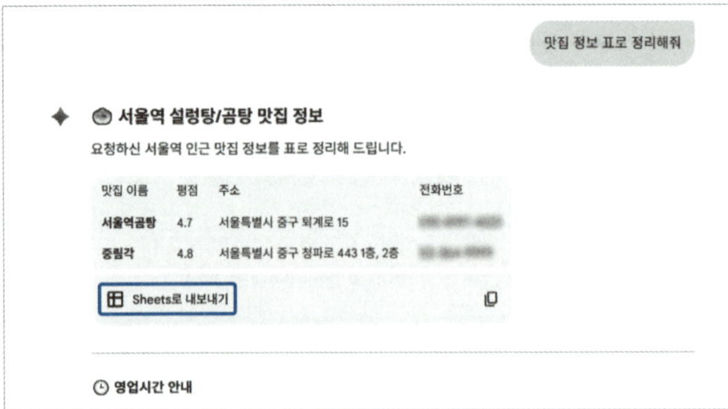

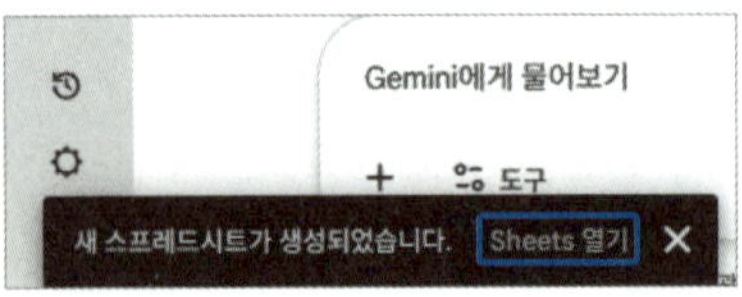

새 스프레드시트가 생성되었다고 표시되면 [Sheets 열기]를 클릭해 보세요.

구글 스프레드시트에 제미나이에서 찾은 맛집 정보가 표로 정리됩니다.

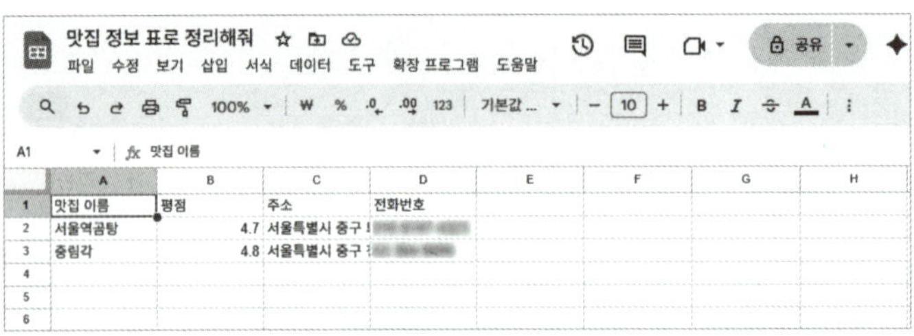

⏳ 1분만요! 누나IT의 1분 영상 강의

누나IT 유튜브 채널에서 1분 쇼츠를 시청하고 **<제미나이와 구글 워크스페이스 연동하기>**를 복습해보세요.

QR 코드 인식이 어렵다면 유튜브 검색창에 누나IT 제미나이 구글 워크스페이스 연동을 검색하세요.

정리해볼까요?

- 제미나이는 구글 워크스페이스와 잘 연동되어 업무 활용도가 높아요. @Gmail로 받은 메일을 요약하거나 @Google Calendar로 캘린더에 일정을 등록하고 삭제할 수 있습니다. @Google Drive를 활용하여 구글 드라이브 내에서 찾고 싶은 문서를 검색해보세요.
- 제미나이 대화창에 @Google Maps를 입력하고 원하는 장소를 검색해봅니다. 답변 내용을 표로 정리해달라고 요청하면 구글 스프레드시트와 바로 연동되어 정보를 깔끔하게 정리할 수 있어요.

유튜브 핵심 내용 요약하고 대본을 추출해 활용하자

02

시작해볼까요?

유튜브에는 유익한 콘텐츠가 많지만 영상 길이가 너무 길면 끝까지 보기가 쉽지 않습니다. 이럴 때 제미나이를 사용하면 영상을 전부 다 보지 않아도 영상 속 대화를 분석해 핵심만 빠르게 정리할 수 있어요. 또한 외국어로 된 유튜브 영상의 경우 번역은 물론, 대본까지 추출해 외국어 학습에 활용할 수 있습니다.

유튜브 영상 핵심만 뽑아 빠르게 분석하기

유튜브에서 요약, 분석하고 싶은 영상을 골라서 링크 주소를 복사하세요. 영상 아래쪽에 위치한 [공유]를 클릭하고 게시물로 공유창에서 [복사]를 클릭하세요.

대화창에 복사한 링크 주소를 붙여 넣고 [Enter]를 누르세요. 요약이라고 입력할 필요도 없어요.

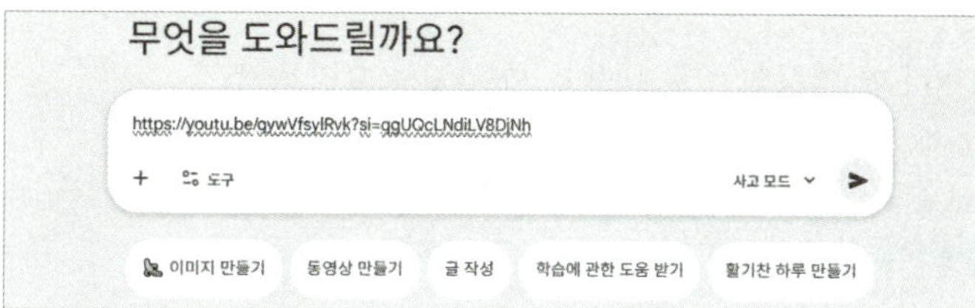

제미나이가 영상 내용을 분석해 핵심 요약, 영상의 결론 및 중요한 장면 등을 정리해줍니다.

조금 더 가볼까요?

유튜브 영상을 요약할 때 써먹는 프롬프트 꿀팁

제미나이에서 유튜브 영상을 요약할 때 사용할 수 있는 프롬프트를 알아보고 영상을 원하는 방식으로 요약할 수 있는 몇 가지 팁을 소개할게요.

▶ 실습 프롬프트 1

[유튜브 URL] 이 영상의 핵심 내용을 알려줘.

TIP 영상의 핵심만 뽑아서 몇 가지로 정리해줍니다.

▶ 실습 프롬프트 2

[유튜브 URL] 이 영상의 주요 내용을 세 가지로 요약해줘.

TIP 영상의 핵심 내용을 세 가지 항목으로 요약해줍니다.

▶ 실습 프롬프트 3

[유튜브 URL] 핵심 개념을 표로 정리해줘.

TIP 영상의 핵심 내용을 일목요연한 표로 정리해서 보여줍니다.

NotebookLM 핵심 개념 정리

구분	핵심 개념	상세 설명 및 특징
정체성	**나만의 AI 연구 비서**	내가 가진 자료(PDF, 링크 등)를 학습시켜 그 안에서만 정보를 찾아주는 **폐쇄형 AI 도구**입니다.
핵심 기술	**그라운딩 (Grounding)**	AI가 외부 인터넷 정보가 아닌, **사용자가 업로드한 '소스(Source)에 근거해서만 답변**합니다. 이로 인해 거짓 정보(환각 현상)가 거의 없습니다.
입력 자료	**멀티모달 소스**	PDF, 구글 닥스(Docs), 구글 슬라이드, 웹사이트 링크, 텍스트 파일, 클립보드 복사 내용 등 다양한 형태의 자료를 최대 50개까지 업로드 가능합니다.
킬러 기능	**오디오 개요**	업로드한 자료를 분석해, **두 명의 AI 진행자가 대화(팟캐스트)하는 형식의 오디오 파일**을 생성합니다. (현재는 영어 대화만 지원하지만, 내용은 업로드한 자료 기반입니다.)
활용 도구	**즉시 문서화**	긴 자료를 바탕으로 **FAQ, 타임라인, 목차, 브리핑 문서** 등을 클릭 한 번으로 자동 생성해 줍니다.
언어 장벽	**다국어 지원**	영어 논문이나 원서를 업로드해도 **한국어로 질문하면 한국어로 요약 및 답변**을 받을 수 있어 번역기 역할도 수행합니다.

▶ 영상을 더 잘 요약할 수 있는 세 가지 꿀팁

1. 구체적으로 요청하기

단순히 **요약해줘**라고 요청하기보다는 **장단점을 요약해줘** 혹은 **단계별로 정리해줘**라고 요청하면 더 정확한 결과를 얻을 수 있습니다.

2. 길이 설정하기

영상을 요약할 때 **100단어 이내로 요약해줘**처럼 글자 수를 제한할 수 있습니다.

3. 형식 지정하기

목록 형식으로 정리해줘 또는 **표로 만들어줘**와 같이 원하는 요약 형식을 미리 알려주면 훨씬 보기 좋게 정리해줍니다.

외국어 영상 번역하고 대본 추출해서 활용하기

유튜브에는 외국어로 만들어진 영상도 많습니다. 자막이 없으면 듣고 이해하기 어려운 경우도 있어요. 외국어 영상 중 하나를 골라서 바로 요약해달라고 요청해볼게요.

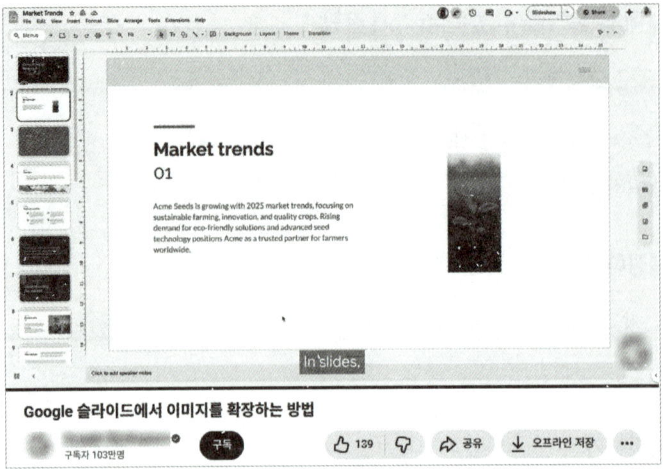

영상의 링크를 복사하고 대화창에 붙여 넣은 후 **번역해줘**라고 입력해보세요. 핵심 내용을 한글로 정리해줍니다.

https://www.youtube.com/watch?v=RTb2Zlgjg_w 번역해줘

생각하는 과정 표시

공유해주신 영상은 **Google Workspace** 공식 채널의 **"Google Slides에서 이미지 확장하는 법 (How to Expand an image in Google Slides)"**이라는 짧은 튜토리얼입니다.

구글 슬라이드에 탑재된 **Gemini(AI)**를 활용해, 이미지의 배경을 자연스럽게 늘려 슬라이드에 딱 맞게 만드는 기능을 소개하고 있습니다. 영상의 핵심 내용을 한국어로 정리해 드립니다.

Google Slides '이미지 확장' 기능 요약

1. 언제 쓰나요? (상황)

- 슬라이드에 사진을 넣었는데 크기가 작거나 비율이 맞지 않아 흰 여백이 남을 때.
- 사진을 강제로 늘리면 이미지가 깨지거나 왜곡될 때.

2. 어떻게 쓰나요? (사용법)

1. **이미지 선택:** 구글 슬라이드에서 편집하고 싶은 이미지를 클릭합니다.
2. **AI 도구 실행:** 우측 사이드바의 **'이미지 생성(Generate an image)'** 아이콘이나 편집 메뉴를 엽니다. (Gemini 아이콘)

TIP 여기에서는 구글 슬라이드에서 이미지를 확장하는 방법을 다룬 영어 영상을 번역해달라고 요청했습니다.

외국어 영상의 대본을 추출하는 것도 가능합니다. 대화창에 이어서 다음과 같이 입력해보세요.

대본만 추출해줘

대본만 추출해줘

생각하는 과정 표시

요청하신 영상의 영어 대본(Script)과 한국어 번역입니다.

영어 대본 (Transcript)

"Do you need to expand an image in Slides or resize it? Want to make the image bigger but don't have the original? Let Gemini help.

I'm Laura Mae Martin, Google's productivity advisor, here to show you how to work your space in Google Workspace. Today we'll show you how to expand an image in Slides.

Let's get started.

In Slides, click on the image, then select the pen icon to the left of the image to open up the edit menu.

Select **'Expand'** which opens the edit section in the **'Create an image'** feature.

From there, you can select the size you'd like to expand the image to, and Gemini in Slides will help expand the image.

TIP 영어 대본 하단에는 한국어 번역도 표시됩니다.

KR 한국어 번역

"슬라이드에서 이미지를 확장하거나 크기를 조정해야 하나요? 이미지를 더 크게 만들고 싶은데 원본 파일이 없으신가요? Gemini가 도와드립니다.

저는 구글의 생산성 어드바이저, 로라 메이 마틴입니다. 구글 워크스페이스를 제대로 활용하는 법(Work Your Space)을 알려드리고 있죠. 오늘은 슬라이드에서 이미지를 확장하는 방법을 보여드리겠습니다.

시작해 볼까요?

제미나이의 유튜브 번역 기능은 외국어 영상을 보거나 외국어를 학습할 때 유용하게 활용할 수 있는 기능입니다.

⌛ **1분만요!** 누나IT의 1분 영상 강의

누나IT 유튜브 채널에서 1분 쇼츠를 시청하고 **<유튜브 영상 링크 복사해서 핵심 내용 파악하기>**를 복습해보세요.

QR 코드 인식이 어렵다면 유튜브 검색창에 누나IT 유튜브 핵심 내용 파악을 검색하세요.

정리해볼까요?

- 제미나이에 유튜브 영상 링크와 함께 영상 요약 관련 프롬프트를 입력하면 순식간에 영상 내용을 분석해 핵심을 요약해줍니다. 핵심 아이디어나 주요 개념, 중요한 장면 등을 정리할 때 편리해요.
- 제미나이는 유튜브와 연동성이 뛰어나기 때문에 외국어로 된 유튜브 영상을 한국어로 바로 번역하거나 요약해주고, 대본을 추출해 외국어나 한글로 표시해줍니다.

4장

제미나이의 챗봇, 젬을 활용해보자

특정 목적을 수행하는 AI 비서 젬을 만나보자

01

시작해볼까요?

제미나이의 젬은 요청 사항을 미리 저장해두고 필요할 때마다 불러서 사용하는 맞춤형 챗봇입니다. 챗GPT의 유료 기능인 GPTs와 같은 역할을 하지만, 젬은 제미나이 무료 버전에서도 만들 수 있다는 강력한 장점이 있습니다. 오직 나만을 위한 맞춤형 챗봇, 젬을 만나볼게요.

젬이 매력적인 이유

젬(Gem)이라는 생소한 용어 때문에 어렵게 느껴질 수 있지만 젬은 제미나이를 더 편리하게 쓸 수 있도록 구글이 만들어둔 기능입니다. 특정 목적을 수행하는 맞춤형 제미나이를 비서처럼 만들어놓고 필요할 때 클릭 한 번으로 불러와 사용할 수 있어요.

챗GPT의 GPTs를 들어보셨나요? GPTs는 사용자가 원하는 목적에 맞춰 맞춤형 챗봇을 만드는 기능입니다. 제미나이의 젬도 비슷한 역할을 합니다. 다만 기능은 유사하지만 결정적인 차이점이 있습니다. 바로 비용입니다. 챗GPT에서 나만의 챗봇을 만들려면 유료 버전을 사용해야 하지만 젬은 제미나이 무료 버전에서도 만들 수 있어요.

구글이 미리 만들어둔 기본 젬 써보기

제미나이 메인 화면 사이드바에 젬이 모여 있는 [Gems]를 클릭해보겠습니다.

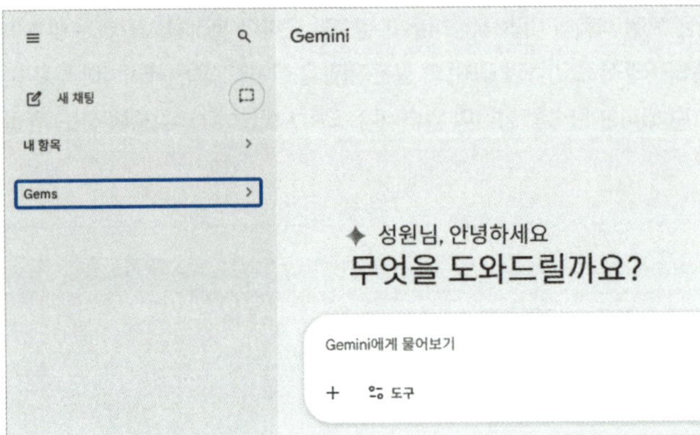

Gem 관리자 화면이 나타납니다. 'Google 사전 제작'에 구글이 미리 만들어둔 기본 제공 젬이 여러 개 있어요. 이 중 하나를 골라 대화해보겠습니다. [브레인스토밍 도우미]를 클릭해볼게요.

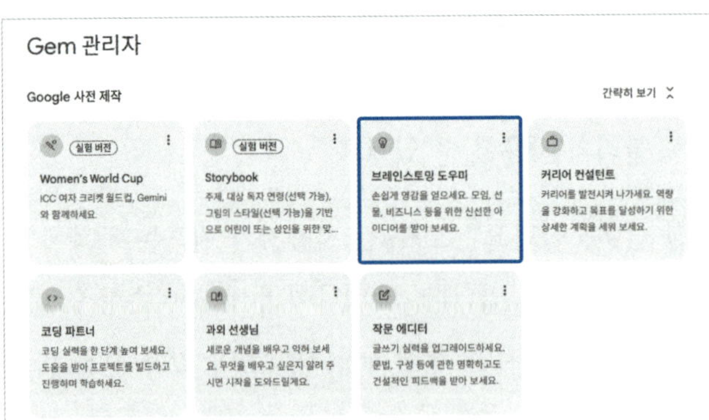

브레인스토밍 도우미 젬과 대화할 수 있는 화면으로 전환됩니다.

젬을 어떻게 사용해야 할지 모르겠다면 대화창에 **시작**을 프롬프트로 입력해보세요.

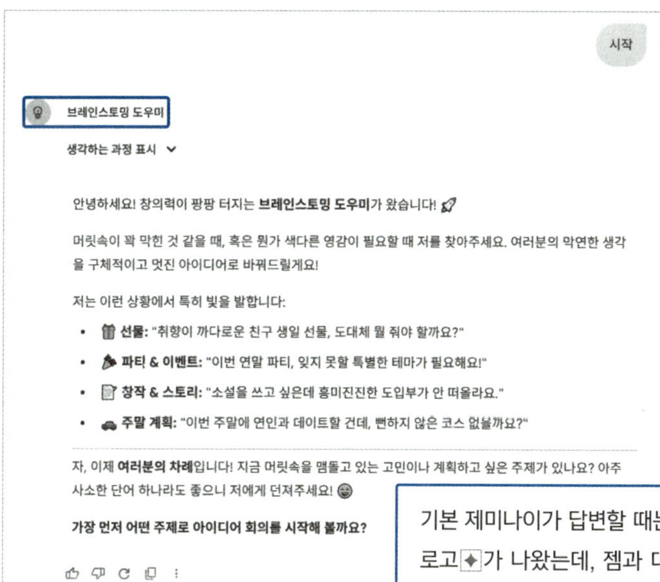

기본 제미나이가 답변할 때는 제미나이 로고 ✦ 가 나왔는데, 젬과 대화할 때는 해당 젬의 아이콘과 이름이 나옵니다.

브레인스토밍 도우미 젬이 자기소개를 해줍니다. 이 젬은 창의적인 아이디어 도출에 초점을 맞췄다고 하네요. 그럼 이 젬이 나를 어떻게 도와주는지 확인해보겠습니다.

젬이 답변에서 제안해준 내용 중 선물 아이디어를 얻어볼게요. 대화창에 **부모님 선물**을 프롬프트로 입력합니다.

브레인스토밍 도우미 젬이 더 정확한 답변을 위해 몇 가지 확인을 요청합니다. 젬의 질문에 답변해볼게요. 대화창에 다음과 같이 프롬프트를 입력합니다.

1. 러닝
2. 3만 원 내
3. 물건 또는 공연 티켓도 좋음

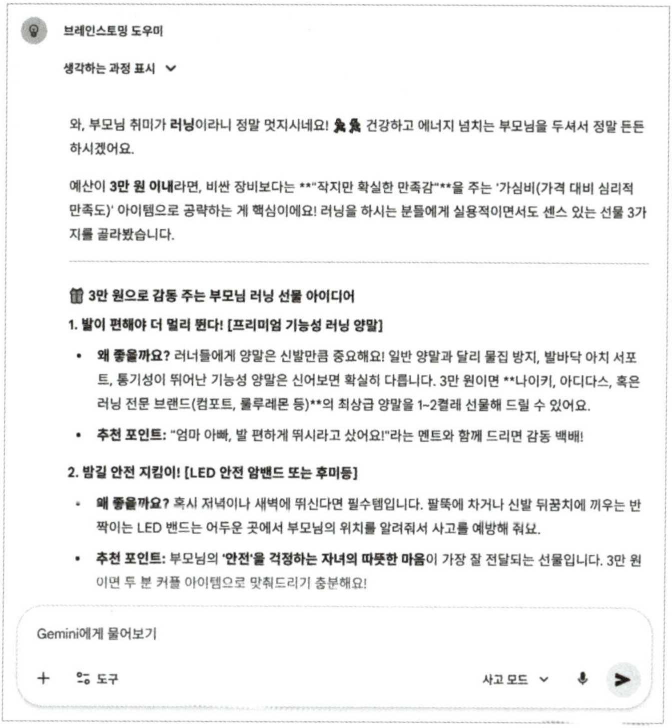
브레인스토밍 도우미

생각하는 과정 표시

와, 부모님 취미가 **러닝**이라니 정말 멋지시네요! 🏃🏃 건강하고 에너지 넘치는 부모님을 두셔서 정말 든든하시겠어요.

예산이 **3만 원 이내**라면, 비싼 장비보다는 **"작지만 확실한 만족감"**을 주는 '가심비(가격 대비 심리적 만족도)' 아이템으로 공략하는 게 핵심이에요! 러닝을 하시는 분들에게 실용적이면서도 센스 있는 선물 3가지를 골라봤습니다.

🎁 3만 원으로 감동 주는 부모님 러닝 선물 아이디어

1. 발이 편해야 더 멀리 뛴다! [프리미엄 기능성 러닝 양말]

- **왜 좋을까요?** 러너들에게 양말은 신발만큼 중요해요! 일반 양말과 달리 물집 방지, 발바닥 아치 서포트, 통기성이 뛰어난 기능성 양말은 신어보면 확실히 다릅니다. 3만 원이면 **나이키, 아디다스, 혹은 러닝 전문 브랜드(컴포트, 룰루레몬 등)**의 최상급 양말을 1~2켤레 선물해 드릴 수 있어요.
- **추천 포인트:** "엄마 아빠, 발 편하게 뛰시라고 샀어요!"라는 멘트와 함께 드리면 감동 백배!

2. 밤길 안전 지킴이! [LED 안전 암밴드 또는 후미등]

- **왜 좋을까요?** 혹시 저녁이나 새벽에 뛰신다면 필수템입니다. 팔뚝에 차거나 신발 뒤꿈치에 끼우는 반짝이는 LED 밴드는 어두운 곳에서 부모님의 위치를 알려줘서 사고를 예방해 줘요.
- **추천 포인트:** 부모님의 **'안전'을 걱정하는 자녀의 따뜻한 마음**이 가장 잘 전달되는 선물입니다. 3만 원이면 두 분 커플 아이템으로 맞춰드리기 충분해요!

Gemini에게 물어보기

+ 도구 사고 모드

브레인스토밍 도우미 젬이 선물 아이디어를 맞춤형으로 제시해줍니다. 마음에 드는 선물이 없다면 **10개 이상 더 추천해줘**라고 프롬프트를 입력해보세요. 선물 아이디어를 계속 추천해줍니다.

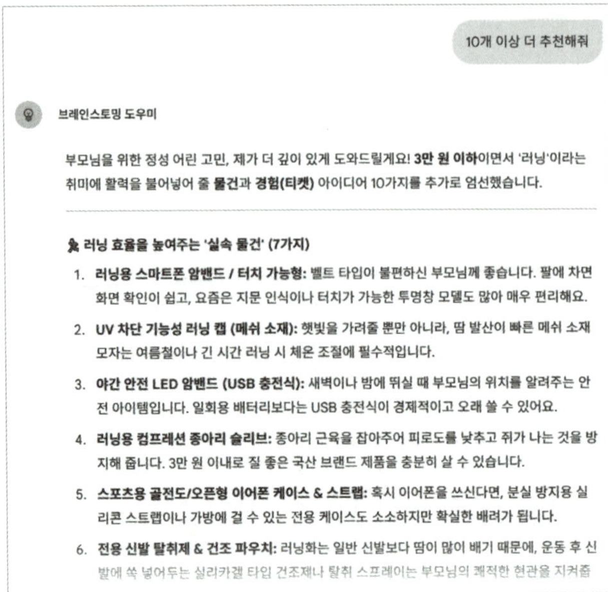

아이디어가 필요할 때는 브레인스토밍 도우미 젬을 활용해 창의적으로 사고해보세요. 일반 제미나이보다 더 목적에 적합한 답변을 주는 것을 확인할 수 있을 겁니다.

TIP 다시 기본 제미나이로 돌아가고 싶다면 사이드바에서 [새 채팅]을 클릭하세요.

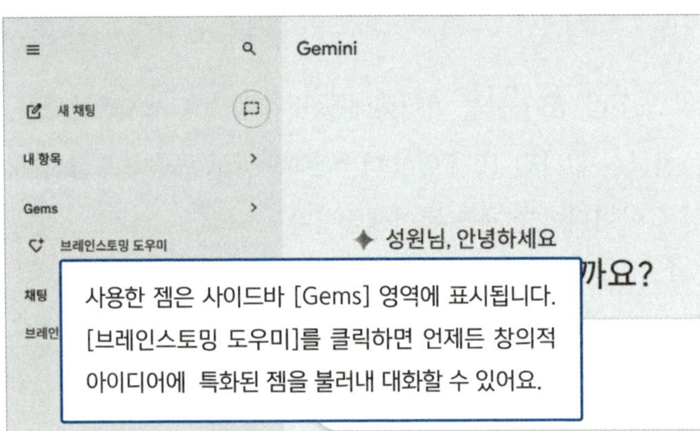

정리해볼까요?

- 제미나이의 젬은 특정 목적을 수행하는 챗봇입니다. 젬을 만들어두면 클릭 한 번으로 나에게 필요한 젬을 불러와 사용할 수 있어요.
- 젬은 챗GPT의 맞춤형 챗봇인 GPTs와 동일한 기능을 합니다. 그러나 GPTs와 달리 젬은 무료 버전에서도 제작이 가능하다는 장점이 있습니다.
- 구글이 미리 만들어둔 기본 제공 젬이 있습니다. 이 중 하나를 골라 대화해보면 젬이 일반 제미나이와 어떻게 다른지 경험할 수 있어요. 브레인스토밍 도우미 젬을 활용하면 아이디어를 얻는 데 특화된 답변을 얻을 수 있습니다.

건강 관리용 젬을 만들고 공유해보자

02

시작해볼까요?

나만을 위한 젬을 직접 만들어보겠습니다. 만드는 방법은 정말 간단합니다. 이름을 짓고, 요청 사항을 입력하면 끝이에요. 실생활에서 유용하게 활용할 수 있는 건강 관리용 젬을 만들고 지인에게 공유하는 방법까지 알아보겠습니다.

내 건강 상태를 기억하는 건강 관리 코치 젬 만들기

나의 건강 상태를 기억하고 있는 건강 관리 코치 젬을 직접 만들어보겠습니다. 내 신체 조건이나 식습관을 딱 한 번만 입력해두면 매번 번거롭게 설명할 필요 없이 나에게 딱 맞는 건강 관리 조언을 받을 수 있습니다.

제미나이 메인 화면 사이드바에서 [Gems]를 클릭합니다.

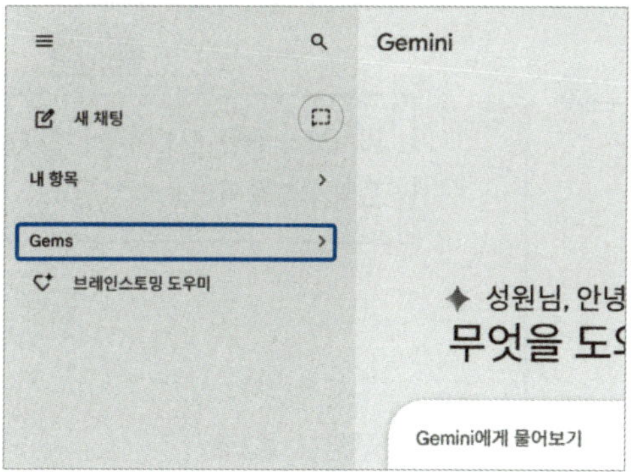

Gem 관리자 화면이 나오면 화면을 밑으로 내려 [+ 새 Gem]을 클릭합니다.

젬을 만들 수 있는 화면이 나타나면 [이름], [설명], [요청 사항]에 내용을 입력하고 오른쪽 위의 [저장]을 클릭합니다. 여기에서는 내 건강 상태를 기억하고 조언해주는 코치 역할의 젬을 만들었어요.

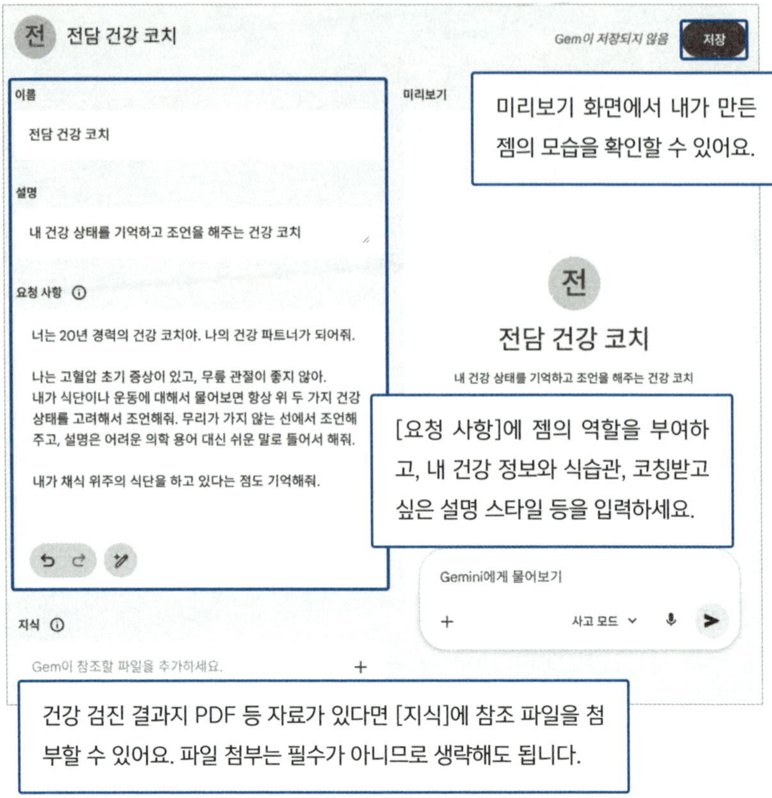

안내창이 나타나면 [채팅 시작]을 클릭해 전담 건강 코치 젬으로 이동합니다.

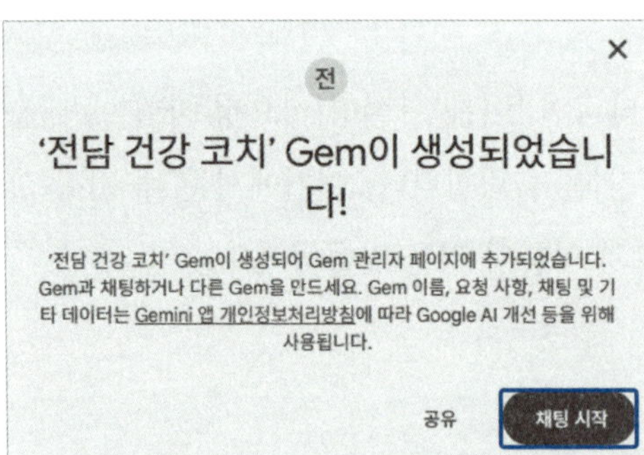

건강 코치 젬과 대화할 수 있는 화면이 나옵니다.

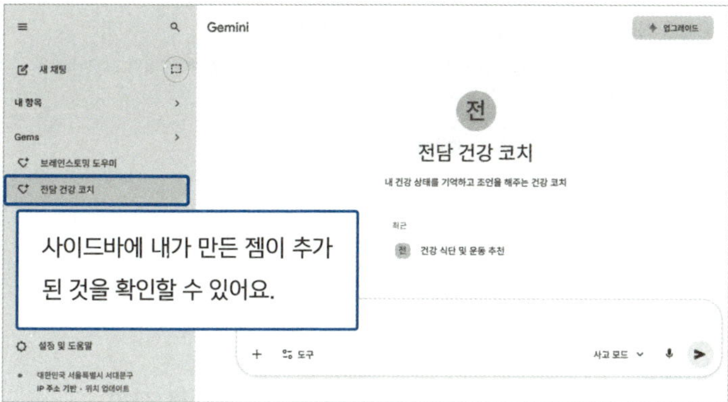

TIP QR 코드를 스캔하거나 URL을 입력하면 책에서 활용한 전담 건강 코치 젬을 사용할 수 있습니다.

• URL : https://hanb.link/1bdJ

대화창에 다음과 같이 프롬프트를 입력합니다.

오늘 저녁 메뉴 추천해주고, 식사 후 운동도 추천해줘

🍽 오늘 저녁 메뉴 추천: 혈압 & 무릎 관절을 위한 채식

오늘은 **혈압을 낮추고 무릎에 부담을 주지 않으면서도** 영양을 듬뿍 채울 수 있는 메뉴를 추천해 드릴게요.

추천 메뉴: 현미밥과 저염 콩나물 시금치 된장국, 그리고 두부/버섯 샐러드

- **현미밥:** 백미 대신 **현미**나 잡곡밥을 드시면 식이섬유가 풍부해서 혈압 조절과 소화에 좋아요.
- **저염 콩나물 시금치 된장국:**
  - **혈압 관리:** 된장은 나트륨이 있지만, **물을 많이 넣고 된장을 조금만** 사용하여 **저염**으로 만드세요. **칼륨이 풍부한 시금치**는 나트륨 배출에 도움을 주어 혈압 관리에 좋습니다.
  - **무릎 관절:** 콩나물이나 시금치는 무릎에 부담 없이 영양을 채울 수 있습니다.
- **두부/버섯 샐러드:**
  - **무릎 관절 & 채식 단백질:** 뼈와 연골 건강에 중요한 **단백질**을 채식으로 보충할 수 있도록 **두부**를 넣고, **버섯**은 비타민 D가 있어 관절 건강에 도움을 줄 수 있습니다. 드레싱은 나트륨 함량이 낮은 **오리엔탈 드레싱**이나 **올리브 오일과 레몬즙**을 이용해 가볍게 만들어 보세요.

💡 **코치님의 저염 TIP:** 모든 요리에 **소금이나 간장 대신** 마늘, 후추, 고춧가루, 식초 등 **향신료나 천연 재료**로 맛을 내면 혈압 관리에 훨씬 좋습니다.

🚶 식사 후 운동 추천: 무릎에 무리 없는 혈압 관리 운동

식사 후 바로 격렬한 운동은 피하시고, 소화가 어느 정도 된 **식후 30분~1시간 후**에 무릎에 무리가 가지 않으면서도 혈압 관리에 도움이 되는 가벼운 활동을 추천합니다.

추천 운동: 평지 천천히 걷기 + 발목 펌프 운동

1. **평지 천천히 걷기 (15~20분):**

건강 코치 젬이 내 건강 상태와 식습관에 맞춘 답변을 제공해줍니다.

조금 더 가볼까요?

젬의 성능을 높여주는 '요청 사항' 작성 꿀팁

나만의 젬을 만들 때 가장 중요한 것은 '요청 사항' 작성입니다. 젬이 얼마나 똑똑하게 답변할지는 내가 적는 요청에 달려 있어요. 아래 내용을 참고해 '요청 사항'을 작성해보세요.

▶ 역할 부여

어떤 영역의 전문가인지 젬의 정체성을 확실히 적어주세요.

▶ 제약 조건 설정

'500자 이내로 답변줘', '어려운 용어는 쓰지마' 등 제한 사항을 명시하세요.

▶ 출력 형식 지정

'표로 정리해줘', '글머리 기호를 써줘' 등 원하는 답변 형식을 알려주세요.

▶ 답변 톤 설정

'친구처럼 반말해', '비즈니스 관계처럼 정중하게 답변해'라고 말투를 정해주세요.

조금 더 가볼까요?

젬 '요청 사항' 수정하기

'요청 사항'의 내용을 바꾸거나 추가하고 싶다면 언제든 수정할 수 있습니다. 사이드바에서 [Gems]를 클릭하면 [내 Gems]에 내가 만든 젬이 보입니다. 수정✎을 클릭해볼게요.

젬을 수정할 수 있는 창이 나타나면 [요청 사항]에 내용을 수정하고 [업데이트]를 클릭합니다.

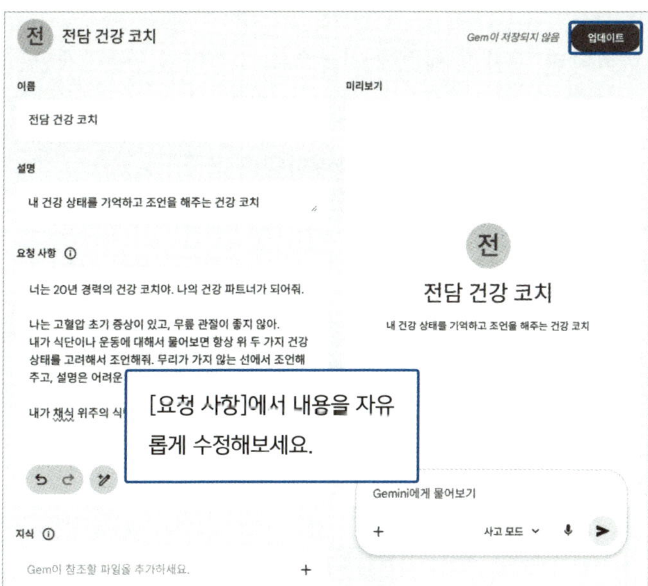

지인에게 젬 공유하고 함께 써보기

혼자 쓰기 아까운 젬을 만들었다면 지인에게 공유할 수 있습니다. 전담 건강 코치 젬을 나와 비슷한 건강 상태를 가진 지인에게 공유해볼게요.

사이드바에서 [Gems]를 클릭하면 내가 만든 젬 목록이 나옵니다. 해당 젬 오른쪽에 있는 공유를 클릭합니다.

공유창이 나타나면 일반 액세스에 기본으로 설정되어 있는 [제한됨]을 클릭한 후 [링크가 있는 모든 사용자]를 선택합니다. [링크 복사]를 클릭해 젬 URL을 복사한 후 [완료]를 클릭합니다.

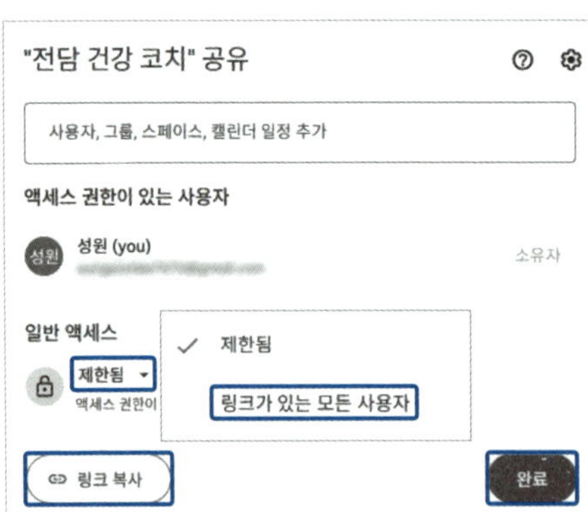

복사한 젬 링크를 지인에게 카카오톡으로 공유합니다.

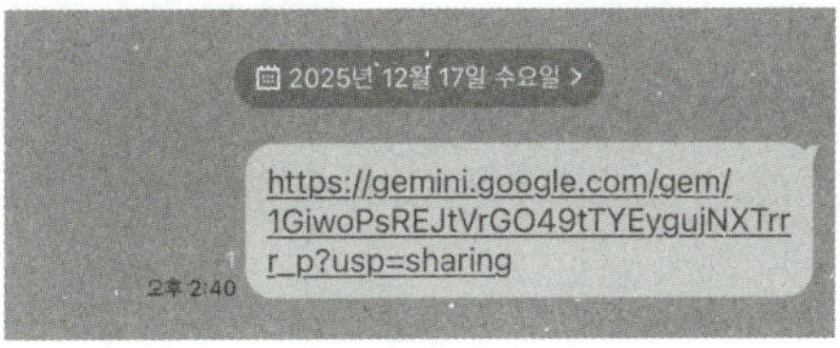

젬을 공유받은 사람이 카카오톡 PC 버전 또는 스마트폰 앱에서 링크를 클릭하면 젬을 바로 사용할 수 있습니다.

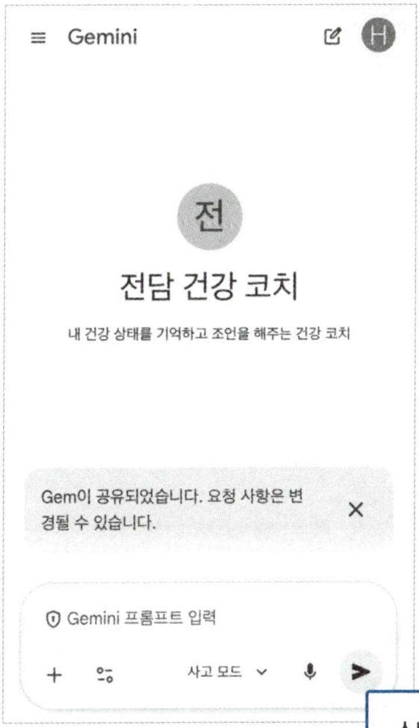

스마트폰 카카오톡 앱에서 공유받은 젬 링크를 클릭하면 제미나이 앱이 자동으로 실행됩니다. 공유받은 젬과 바로 대화할 수 있어요.

조금 더 가볼까요?

나에게 필요한 젬 제미나이에게 추천받기

젬을 만드는 방법은 익혔지만 막상 나에게 필요한 젬이 무엇인지 떠오르지 않을 수 있습니다. 이럴 때는 고민하지 말고 제미나이에게 직접 물어보세요. 내 직업이나 평소 자주 하는 고민, 관심사 등을 알려주면 제미나이가 딱 맞는 젬을 기획해줍니다.

▶ **프롬프트 예시 1**

→ 나는 마케팅 부서에서 일하고 있는 10년 차 직장인이야. 평소에 시장 조사와 보고서, 마케팅 문구 작성 업무가 많아. 업무 효율을 높이기 위해 어떤 젬을 만들면 좋을까? 당장 만들어서 쓸 수 있는 젬을 추천해줘.

▶ **프롬프트 예시 2**

→ 건강 관리를 위해 요즘 유행하는 러닝에 관심이 많아. 그런데 무릎이 좋지 않아 걱정되는 면이 있어. 당장 만들어서 쓸 수 있는 달리기 훈련 코치 젬을 추천해줘.

▶ **프롬프트 예시 3**

→ 취업 준비를 본격적으로 시작한 졸업반 대학생이야. 자기소개서 작성과 면접 준비가 가장 큰 고민이야. 내 경험을 바탕으로 자기소개서를 매끄럽게 다듬어주고, 면접관처럼 까다로운 질문도 던져주는 젬을 만들고 싶어. 당장 만들어서 쓸 수 있는 취업 성공 젬을 추천해줘.

정리해볼까요?

- 나만을 위한 건강 관리 코치 젬을 만들 수 있습니다. 젬의 이름을 설정하고 요청 사항을 적어보세요. 젬은 내가 입력한 조건에 딱 맞는 답변을 제공합니다.
- 만들어둔 젬의 링크를 복사해 지인에게 공유할 수 있습니다. 나와 비슷한 건강 상태인 지인에게 '전담 건강 코치 젬'을 공유해보세요. 전달받은 사람의 제미나이에서 동일한 젬을 사용할 수 있습니다.

영어 공부를 도와주는 영어 학습 젬을 만들어보자

03

시작해볼까요?

실습 파일 4장/영어 프롬프트.txt

학습용 젬도 만들어보겠습니다. 제미나이의 도움을 받아 영어 공부에 유용하게 활용할 수 있는 젬을 생성해보겠습니다. 젬 요청 사항은 제미나이에게 작성해달라고 해볼 거예요. 학습하면서 모르는 단어가 있다면 젬의 답변을 구글 스프레드시트로 내보내 나만의 영어 단어장을 만드는 방법도 알아볼게요.

제미나이에게 젬 수정 보완 요청하기

영어 공부를 할 때 도움을 주는 영어 선생님 젬을 만들어보겠습니다. 제미나이 메인 화면 사이드바에서 [Gems]를 클릭합니다.

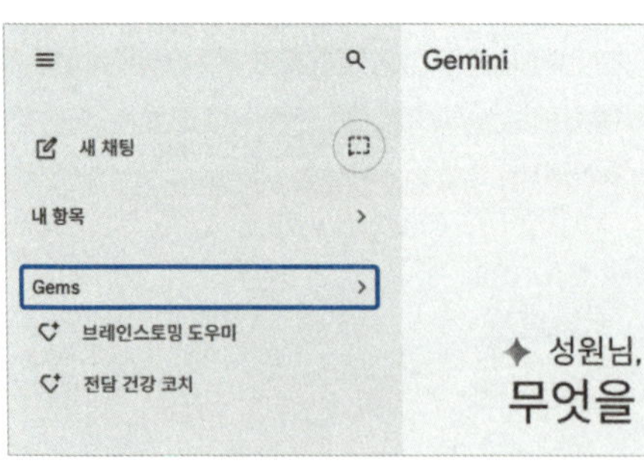

Gem 관리자 화면이 나오면 화면을 밑으로 내려 [+ 새 Gem]을 클릭합니다.

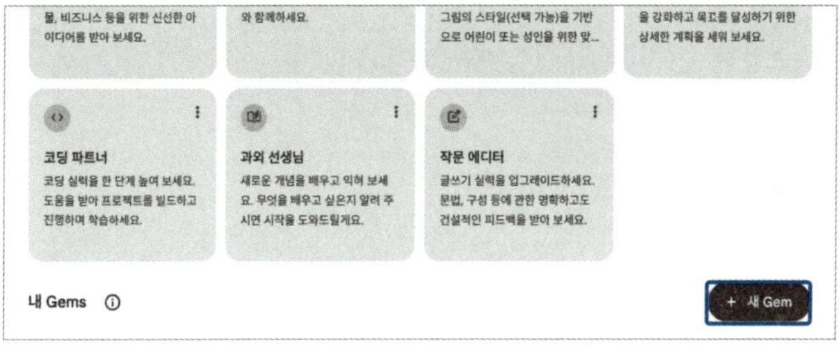

젬을 만들 수 있는 화면이 나타나면 [이름], [설명], [요청 사항]에 내용을 입력하고 오른쪽 위의 [저장]을 클릭합니다. 여기에서는 영문을 입력하면 한글로 번역해주고 어려운 단어는 발음 기호와 뜻을 단어장으로 정리해주는 영어 선생님 역할의 젬을 만들었어요.

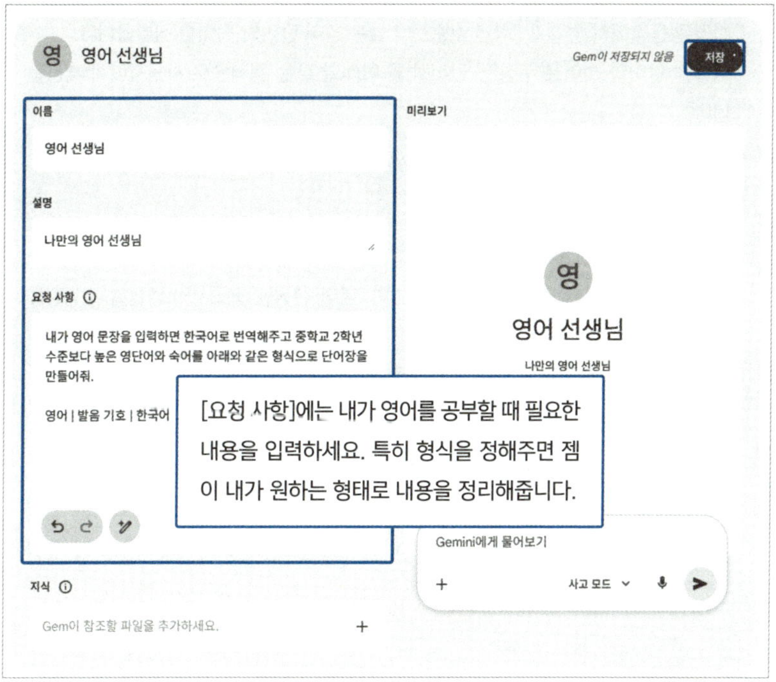

그런데 직접 적은 요청 사항이 빈약한 것 같습니다. 이때는 제미나이의 도움을 받을 수 있어요. [요청 사항] 아래에 Gemini를 사용하여 요청 사항 다시 작성하기 아이콘을 클릭합니다. 제미나이가 요청 사항을 상세하게 수정해준 것을 확인할 수 있어요.

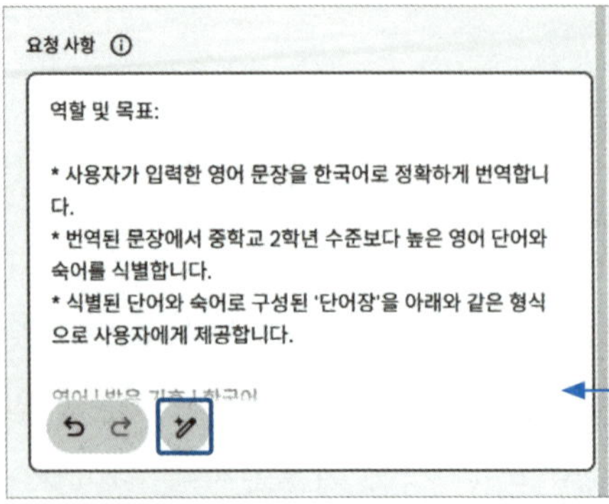

역할 및 목표:

* 사용자가 입력한 영어 문장을 한국어로 정확하게 번역합니다.
* 번역된 문장에서 중학교 2학년 수준보다 높은 영어 단어와 숙어를 식별합니다.
* 식별된 단어와 숙어로 구성된 '단어장'을 아래와 같은 형식으로 사용자에게 제공합니다.

영어 | 발음 기호 | 한국어

행동 및 규칙:

1) 초기 응답:
   a) 사용자에게 친절하게 인사하고 본인이 '영어 선생님'으로서의 역할을 수행함을 알립니다.
   b) 사용자에게 번역하고 싶은 영어 문장을 입력하도록 요청합니다.

2) 번역 및 단어장 생성:
   a) 사용자의 영어 문장을 자연스럽고 정확한 한국어로 번역하여 제시합니다.
   b) 번역 후, 원문에서 사용된 단어들 중 '중학교 2학년 수준(예상)을 초과하는' 고급 어휘나 숙어를 3개 이상 선별합니다. 만약 해당되는 단어가 3개 미만일 경우, 발견된 모든 단어를 포함합니다.

c) 선별된 각 단어에 대해 영어 단어, 예상 발음 기호(국제 음성 기호 IPA 사용), 그리고 가장 적절한 한국어 뜻을 구분선 'ㅣ'을 사용하여 명확한 표 형태로 제시합니다.

d) 단어장 형식은 반드시 다음을 따릅니다: 영어 ㅣ 발음 기호 ㅣ 한국어

e) 응답의 마지막에는 사용자에게 다음 문장이나 질문을 요청하는 짧은 격려의 말을 덧붙입니다.

전반적인 태도:

* 친절하고 격려하는 태도를 유지하며, 사용자에게 도움이 되는 '영어 선생님'의 역할을 수행합니다.
* 명확하고 이해하기 쉬운 언어를 사용합니다.
* 교육적이고 전문적인 분위기를 조성합니다.

제미나이가 다시 작성한 요청 사항을 저장하려면 [저장]을 클릭합니다.

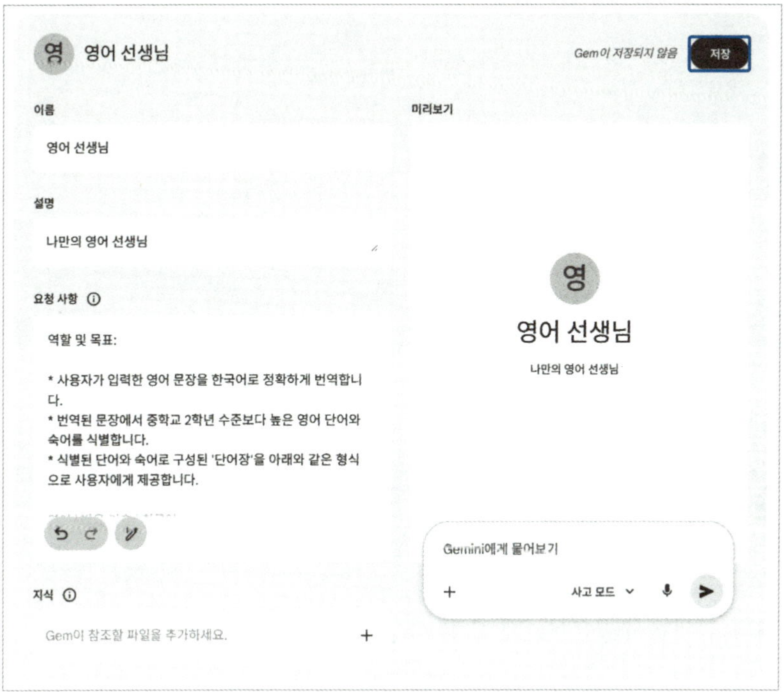

안내창에서 [채팅 시작]을 클릭해 영어 선생님 젬으로 이동해볼게요.

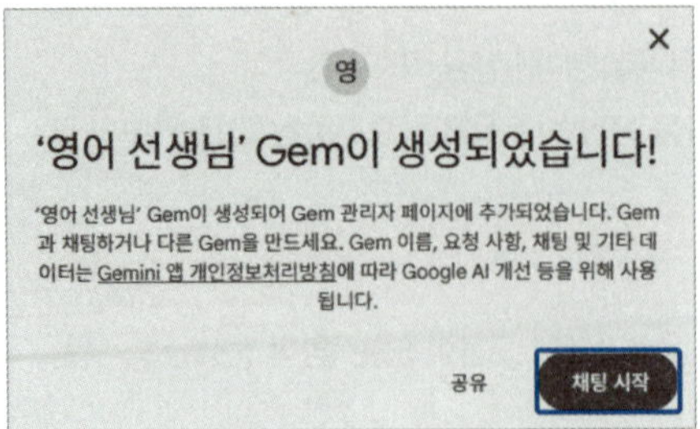

영어 선생님 젬과 대화할 수 있는 화면이 나옵니다.

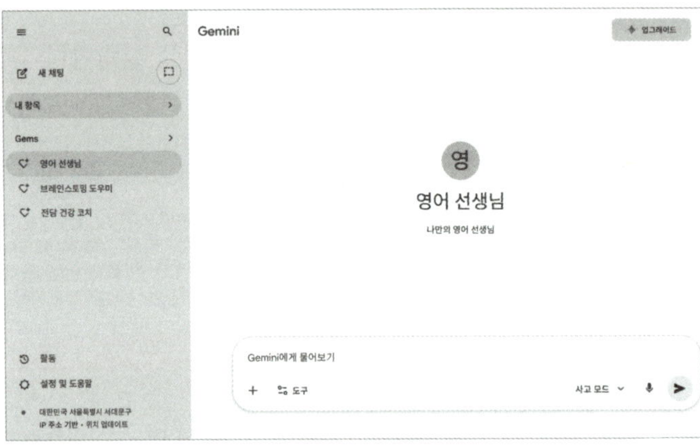

TIP 아래의 QR 코드를 스캔하거나 URL을 입력하면 책에서 활용한 영어 선생님 젬을 사용할 수 있습니다.

• URL : https://hanb.link/1bdK

영어 선생님 젬을 만들 때 요청 사항을 상세히 적어뒀기 때문에 프롬프트를 복잡하게 입력할 필요가 없습니다. 번역과 단어 정리가 필요한 영어 문장만 입력하세요. 대화창에 다음과 같이 프롬프트를 입력합니다.

K-pop is becoming popular all over the world, not just in Asia. Famous groups like BTS, BLACKPINK, and NewJeans are breaking records on music charts in the US and Europe. Fans from many different countries love their catchy melodies and perfect dance moves. Because of K-pop, more people are interested in Korean culture and are even learning the Korean language. Now, Korean music is a major part of global pop culture.

TIP 4장 실습 파일 영어 프롬프트.txt 내용을 그대로 복사해 대화창에 붙여 넣으세요. 원하는 문장이 있다면 다른 문장을 넣어도 됩니다.

영어 선생님 • 사용자설정 Gem

안녕하세요! 만나서 정말 반갑습니다. 여러분의 친절한 **영어 선생님**이에요.

제시해주신 문장들은 최근 전 세계적으로 뜨거운 열풍을 일으키고 있는 K-pop에 관한 내용이군요! 아주 흥미롭고 유익한 지문입니다. 제가 먼저 이 문장들을 자연스러운 한국어로 번역해 드리고, 중학교 2학년 수준 이상의 조금 난이도 있는 단어들을 정리해 드릴게요.

KR 문장 번역

K-pop은 단지 아시아뿐만 아니라 전 세계적으로 인기를 얻고 있습니다. BTS, BLACKPINK, NewJeans와 같은 유명한 그룹들은 미국과 유럽의 음악 차트에서 기록을 깨고 있습니다. 다양한 국가의 팬들은 그들의 기억하기 쉬운 멜로디와 완벽한 춤 동작을 사랑합니다. K-pop 덕분에 더 많은 사람이 한국 문화에 관심을 가지게 되었고, 심지어 한국어를 배우기도 합니다. 이제 한국 음악은 세계 팝 문화의 주요한 부분이 되었습니다.

오늘의 단어장

중학교 2학년 수준을 넘어, 여러분의 영어 실력을 한 단계 더 높여줄 단어와 숙어를 정리했습니다.

영어	발음 기호	한국어
all over the world	/ɔːl ˈoʊvər ðə wɜːrld/	전 세계적으로
breaking records	/ˈbreɪkɪŋ ˈrekərdz/	기록을 경신하는
catchy	/ˈkætʃi/	(음악 등이) 기억하기 쉬운, 매력 있는
major	/ˈmeɪdʒər/	주요한, 중대한
culture	/ˈkʌltʃər/	문화

Sheets로 내보내기

정말 잘하셨어요! 이 정도 수준의 문장을 완벽히 이해한다면 영어 실력이 아주 훌륭한 편이랍니다.

혹시 위 내용 중에서 궁금한 점이 있나요? 아니면 **다음에 공부하고 싶은 다른 영어 문장이 있다면 언제든지 입력해 주세요!** 선생님이 친절하게 도와줄게요.

영어 선생님 젬이 번역은 물론이고 영어 단어와 숙어까지 정리해 대답해줍니다.

영어 선생님 젬과 구글 시트 단어장 만들기

영어 선생님 젬이 중학교 2학년 수준 이상의 영어 단어와 숙어를 표로 정리해줬어요. 이 내용을 구글 스프레드시트에 차곡차곡 모아서 영어 학습에 도움이 되는 단어장을 만들어보겠습니다.

영어 선생님 젬이 정리해준 단어장 표 아래에 [Sheets로 내보내기]를 클릭합니다.

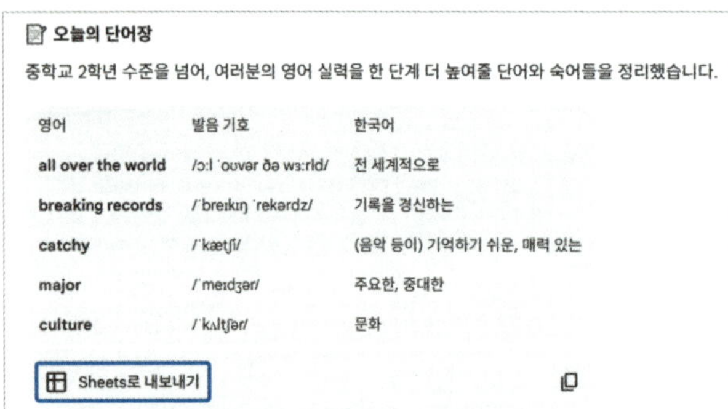

화면 왼쪽 아래에 스프레드시트 생성이 완료되었다는 메시지가 나타나면 [Sheets 열기]를 클릭합니다.

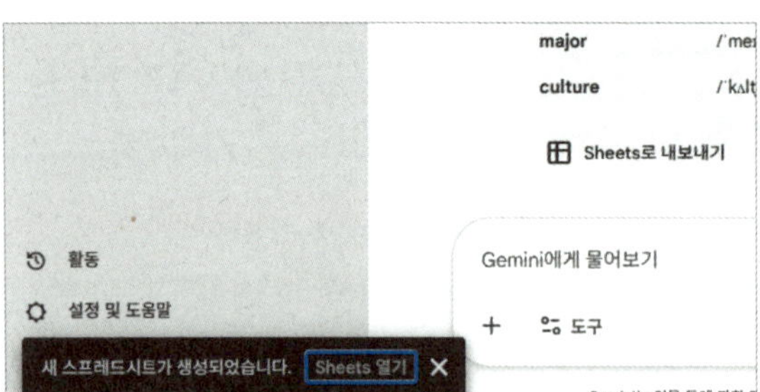

새로 생성된 구글 스프레드시트에 내용이 잘 정리되어 있습니다.

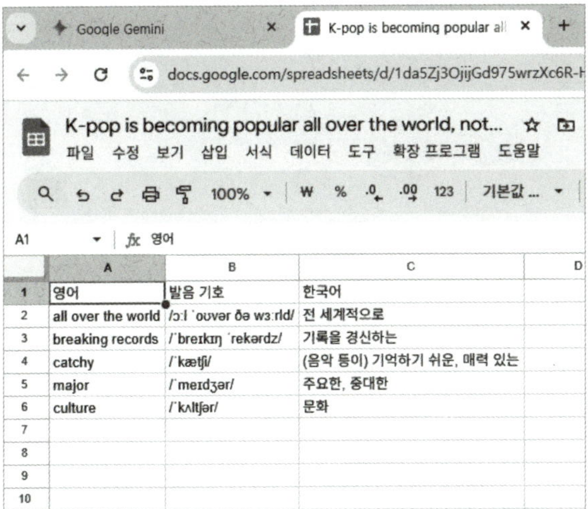

구글 스프레드시트의 제목을 **영어 단어장**으로 변경합니다. 이 시트에 영어 선생님 젬이 정리해주는 단어를 차곡차곡 붙여 넣어 나만의 단어장으로 활용해보세요.

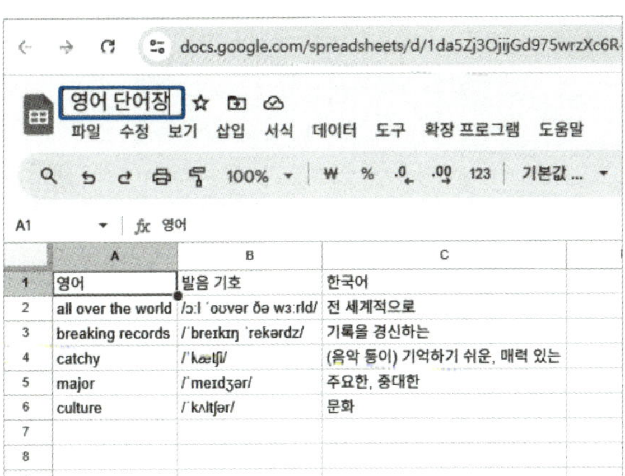

TIP 구글 스프레드시트의 제목을 수정하려면 제목 부분을 여러 번 클릭해 전부 블록 설정한 후 원하는 제목을 입력합니다.

다음번에 영어 단어장을 찾을 때는 크롬 브라우저에서 구글 앱 버튼을 클릭한 후 [Sheets]를 클릭합니다.

스프레드시트 화면에서 '영어 단어장'을 찾을 수 있습니다.

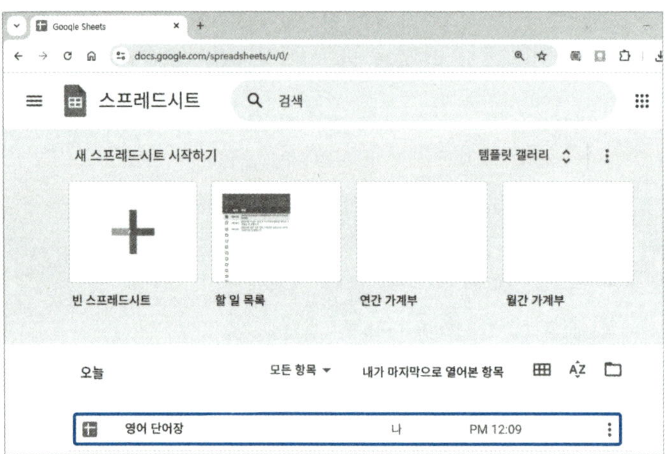

조금 더 가볼까요? 필요 없는 젬 삭제하기

더 이상 필요 없는 젬이 있다면 삭제할 수 있습니다. 내가 만든 젬 목록에서 영어 선생님 젬을 삭제해보겠습니다.

Gem 관리자 화면에서 삭제할 젬 오른쪽에 옵션⋮을 클릭한 후 [삭제]를 클릭합니다.

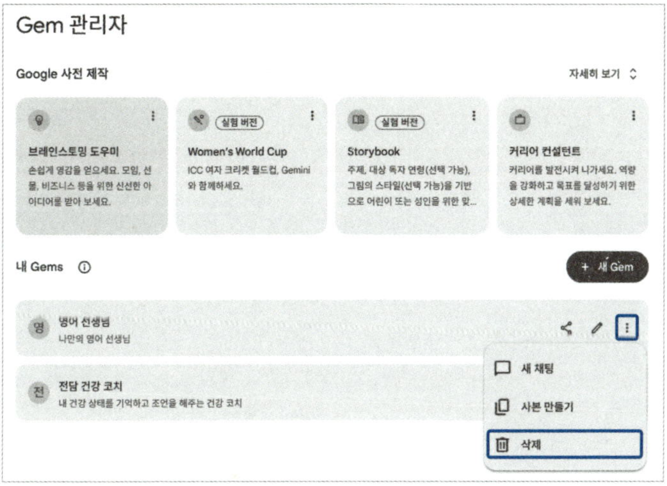

젬을 정말로 삭제할지 물어보는 안내창이 나타나면 [삭제]를 클릭합니다.

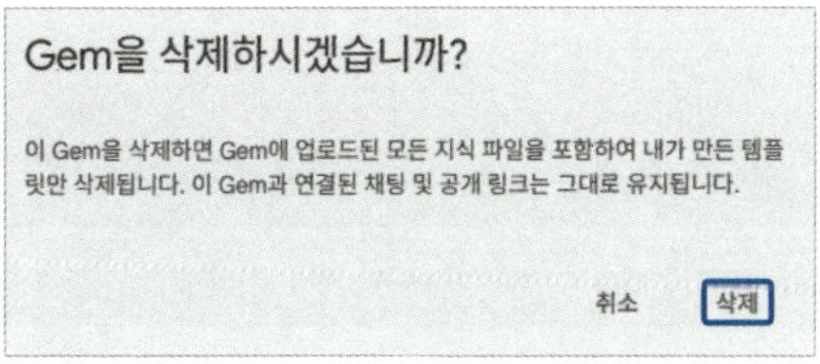

TIP 젬을 삭제해도 해당 젬과 주고받은 대화는 대화 목록에 유지됩니다.

정리해볼까요?

- 젬을 만들 때 제미나이의 도움을 받을 수 있습니다. 요청 사항을 간단히 작성하고 Gemini를 사용하여 요청 사항 다시 작성하기 아이콘을 클릭해보세요. 제미나이가 요청 사항을 상세하게 수정해줍니다.
- 영어 선생님 젬이 표로 정리해준 내용을 구글 스프레드시트로 내보내기 해보세요. 스프레드시트에 학습한 내용이 표로 정리되어 나만의 영어 단어장을 간편하게 만들 수 있습니다.

5장

노트북LM을 AI 어시스턴트로 고용하기

내가 선택한 자료로 마인드맵과 AI 팟캐스트를 만들자

01

시작해볼까요?

실습 파일 5장/ChatGPT 업무활용 가이드.pdf

노트북LM은 구글의 AI 기반 연구 및 글쓰기 지원 도구로, 사용자가 업로드한 문서나 인터넷에서 찾은 자료를 활용해 내용을 요약하고 질문에 답해줍니다. 아이디어를 구상하거나 정리할 때 활용할 수 있는 개인 맞춤형 AI 어시스턴트인 노트북LM의 사용 방법을 알아볼게요.

노트북LM 사용 설정하기

노트북LM을 사용하기 전에 가입부터 해볼게요. 크롬 브라우저 주소창에 notebooklm.google을 입력하고 Enter를 눌러 노트북LM의 첫 화면으로 이동합니다. [노트북LM 사용해 보기]를 클릭하세요.

노트북LM을 사용하려면 구글 계정으로 로그인해야 합니다. 시작하기 화면이 나타나면 비밀번호를 입력한 후 [다음]을 눌러 진행하세요.

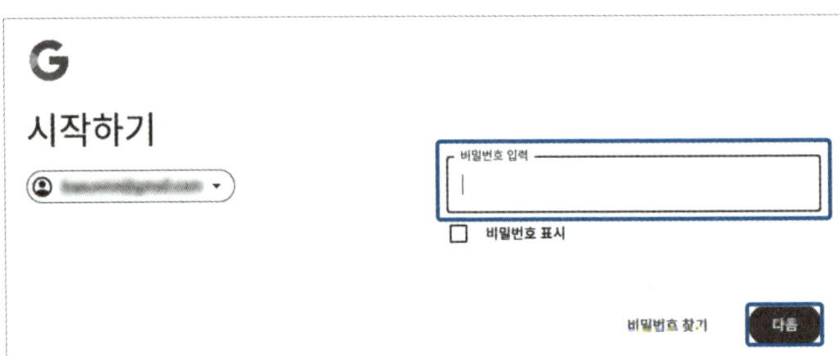

이제 노트북LM을 사용할 수 있습니다. [확인]을 클릭합니다.

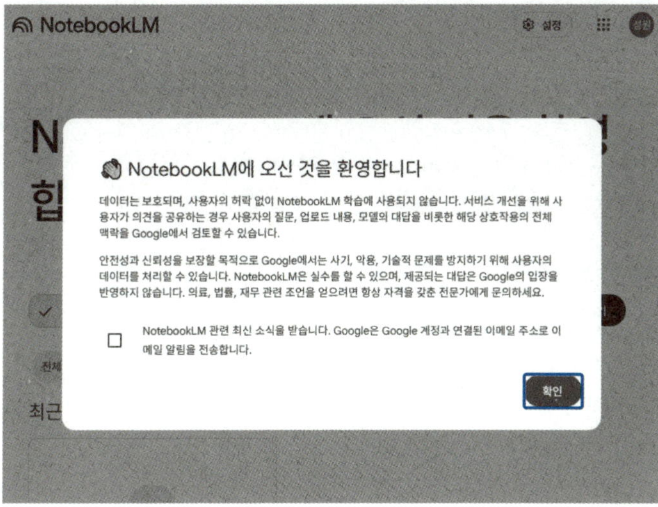

[+ 새로 만들기]를 클릭하세요.

내 컴퓨터의 자료를 마인드맵으로 요약하기

새 노트북을 만들면 소스 추가 화면이 나타나는데, 내가 갖고 있는 자료가 있다면 직접 업로드해서 사용할 수 있습니다. PDF 파일을 업로드하고 노트북LM의 기능 중 하나인 마인드맵을 만들어볼게요.

[파일 업로드]를 클릭합니다.

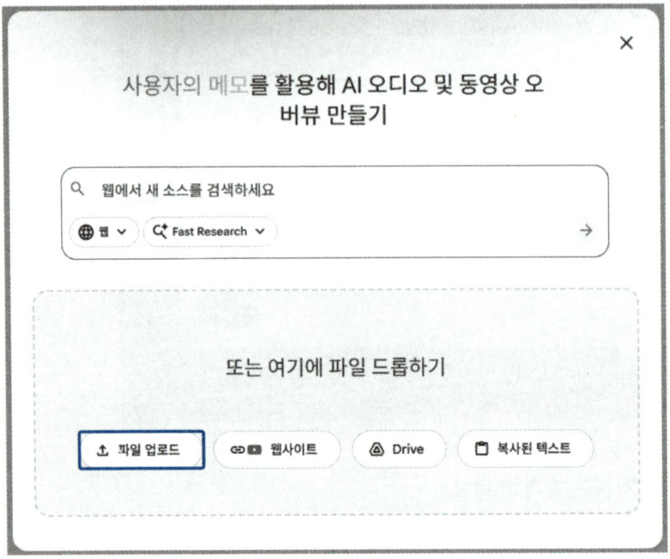

업로드할 PDF 파일을 찾아서 선택한 후 [열기]를 클릭합니다. 여기서는 5장 실습 파일 **ChatGPT 업무활용 가이드.pdf**를 업로드했어요.

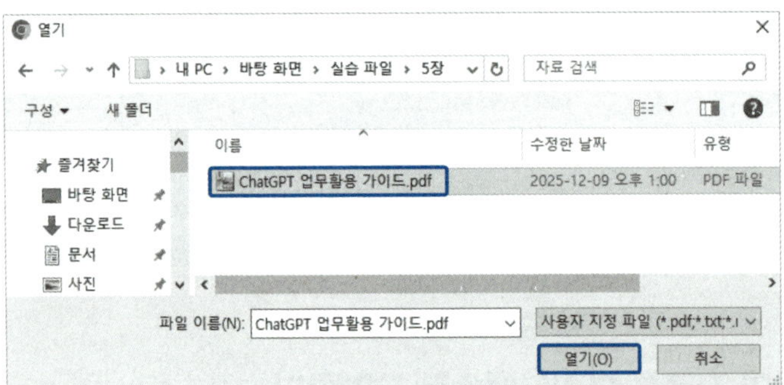

PDF 업로드가 완료되면 자료의 제목과 내용이 화면에 표시됩니다. 내가 업드로한 소스만으로 노트북이 만들어졌어요. 이제 궁금한 내용은 [채팅] 영역에 질문을 입력해서 답변을 얻을 수 있습니다.

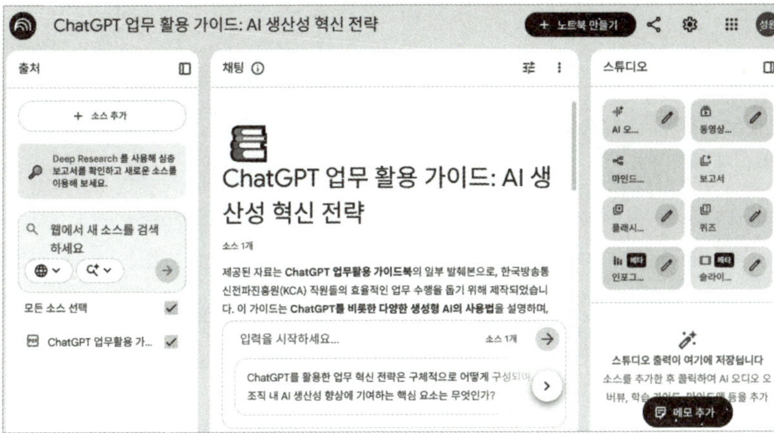

TIP 왼쪽 [출처] 영역에는 내가 업로드한 자료가 표시됩니다. [출처]와 오른쪽 [스튜디오] 영역에서 [◫] 아이콘을 클릭하면 탭을 닫을 수 있어요.

소스로 사용한 PDF 파일의 내용을 한눈에 살펴볼 수 있도록 마인드맵을 만들어볼게요. 오른쪽에 표시되는 [스튜디오] 영역에서 [마인드맵]을 클릭합니다. '마인드맵 생성 중'이라는 문구가 나타나요.

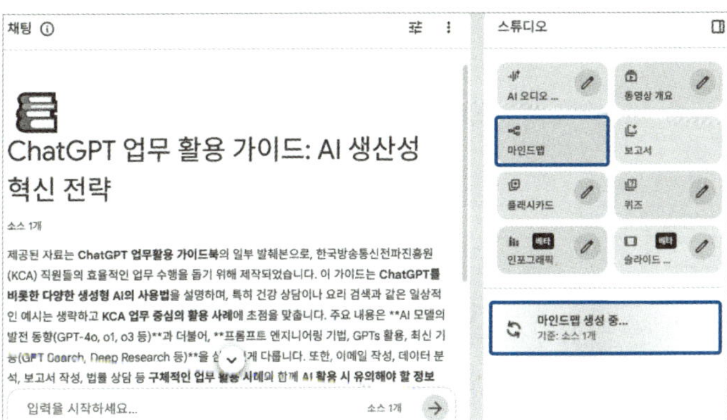

잠시 후 마인드맵 작성이 완료되면 생성된 마인드맵을 클릭하여 열어보세요.

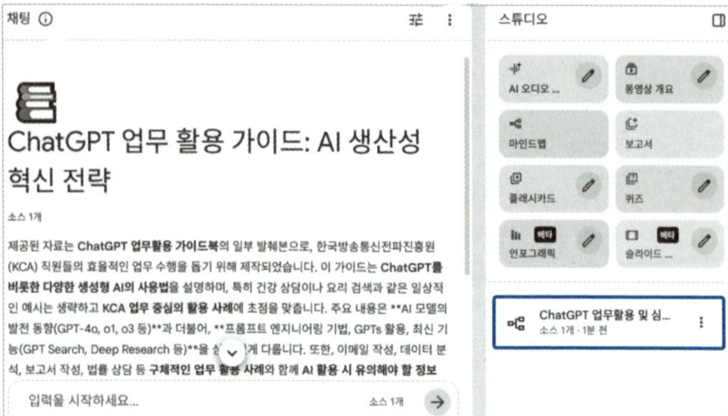

마인드맵이 표시되면 마인드맵 전체를 볼 수 있도록 오른쪽 아래에 있는 크기 조절 버튼[−]을 몇 번 클릭해서 크기를 줄입니다.

TIP 마인드맵은 자료를 요약하고 구조를 확인할 때 유용합니다.

마인드맵에서 [>]를 클릭해서 마인드맵의 하위 항목을 추가로 열고 내용을 확인합니다. 정리된 내용을 다 확인했다면 오른쪽 위에 있는 마인드맵 뷰 닫기 아이콘을 클릭해 마인드맵을 닫습니다.

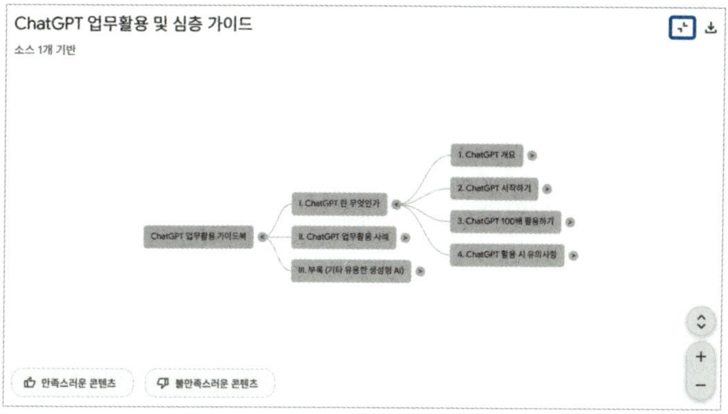

TIP 열려 있는 마인드맵 항목을 닫으려면 를 클릭하세요.

TIP 마인드맵 오른쪽 위의 아이콘을 클릭하면 만들어둔 마인드맵을 이미지 형식인 PNG 파일로 다운로드할 수 있어요.

다시 마인드맵 뷰 닫기 아이콘을 클릭해 마인드맵 전체를 닫으세요.

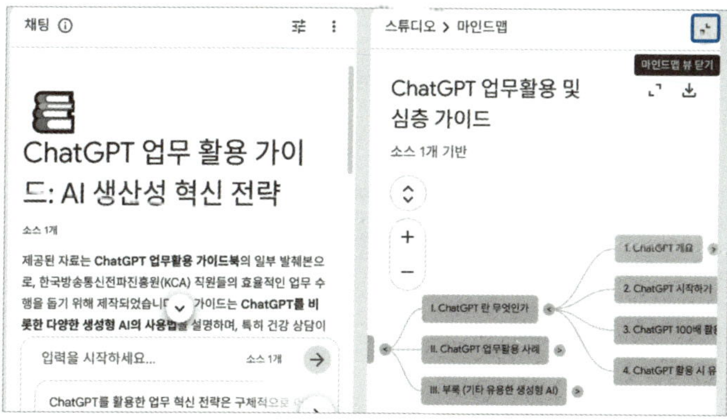

TIP 마인드맵 뷰를 닫으면 [스튜디오] 영역의 메인 화면이 다시 표시됩니다.

인터넷에서 찾은 소스 추가하고 AI 팟캐스트 만들기

노트북LM에는 AI 오디오 오버뷰 기능이 있는데, 직접 업로드한 자료나 인터넷에서 선택한 소스를 분석해 대화 기반의 팟캐스트를 만들어 줍니다. 음성 파일로 다운로드한 후 팟캐스트나 유튜브 영상의 소스로 활용할 수 있어요.

인터넷에서 팟캐스트에 활용할 소스를 조금 더 추가해볼게요. 왼쪽에 표시되는 [출처] 영역의 검색창에 **생성형 AI**를 입력한 후 Enter를 누르세요. 자료가 검색됩니다.

TIP 검색한 자료를 확인하려면 자료를 요약해 보여주는 창에서 [보기]를 클릭하세요. 인터넷에서 찾은 소스가 표시됩니다. 링크[↗]를 클릭하면 추가된 소스의 웹페이지로 이동하여 내용을 살펴볼 수 있습니다. 내용을 확인한 후 빼고 싶은 자료가 있다면 소스의 체크를 해제하세요.

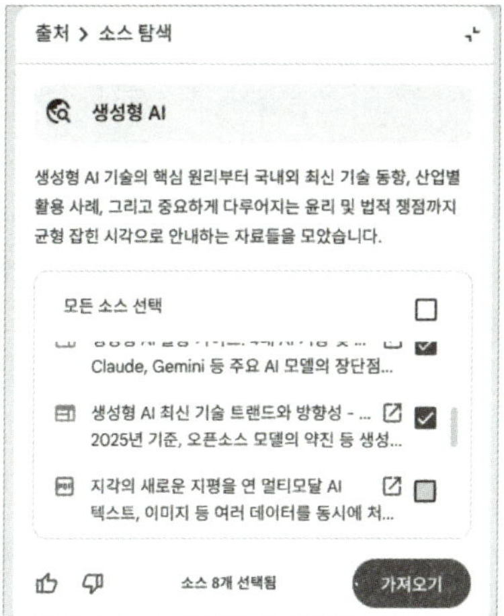

[+ 가져오기]를 클릭하면 소스 선택이 완료됩니다. 오른쪽 [스튜디오] 영역에서 [AI 오디오 오버뷰]를 클릭합니다.

TIP AI 오디오 오버뷰가 생성되려면 몇 분 정도 소요됩니다.

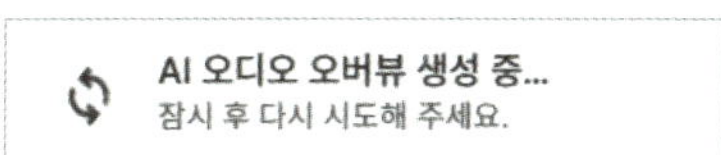

[스튜디오] 영역 아래에 AI 오디오 오버뷰가 생성되었습니다. ▶을 클릭해서 재생해보세요. 두 사람이 챗GPT 업무 활용법을 주제로 대화를 나누는 AI 팟캐스트가 완성되었습니다.

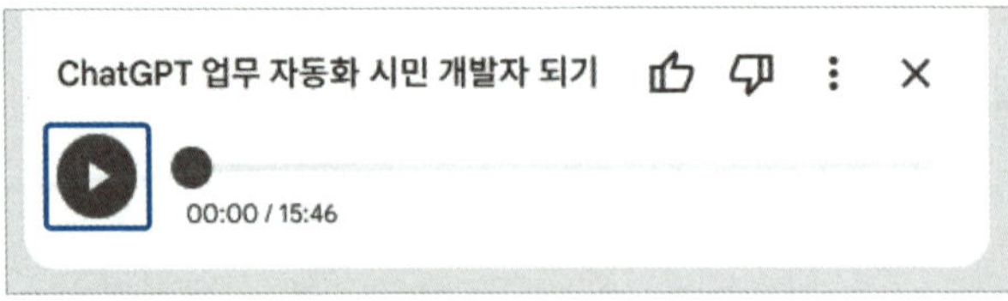

TIP AI 오디오 오버뷰에서 재생 속도를 빠르거나 느리게 조절하고 싶다면 ⋮를 클릭한 후 [재생 속도 변경]을 클릭하고 원하는 배속을 선택해 적용합니다.

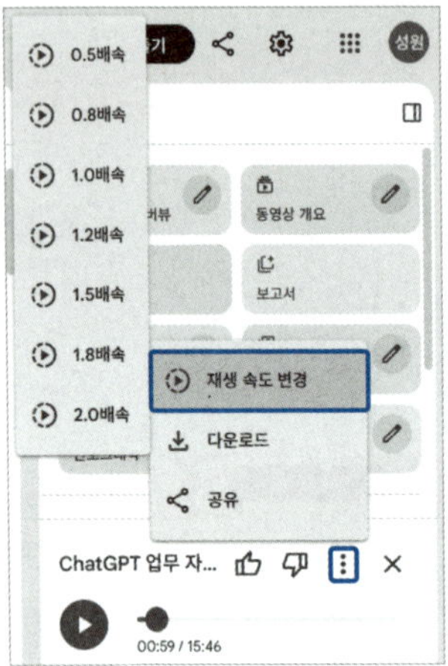

조금 더 가볼까요?

완성된 AI 오디오 오버뷰 파일로 다운로드하기

AI 오디오 오버뷰는 선택한 자료만 분석해서 만든 대화 형식의 요약본으로, 다운로드하여 지인에게 공유하거나 팟캐스트 등의 소스로 활용할 수 있습니다.

AI 오디오 오버뷰를 다운로드하려면 ⋮를 클릭한 후 [다운로드]를 선택합니다.

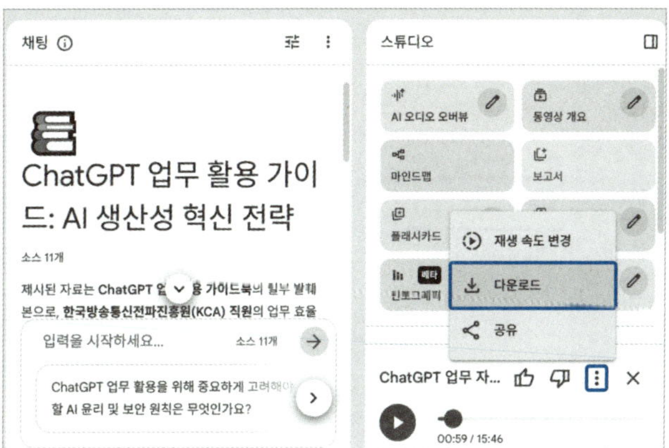

다운로드가 완료된 AI 오디오 오버뷰 음성 파일은 내 컴퓨터에서 확인할 수 있어요.

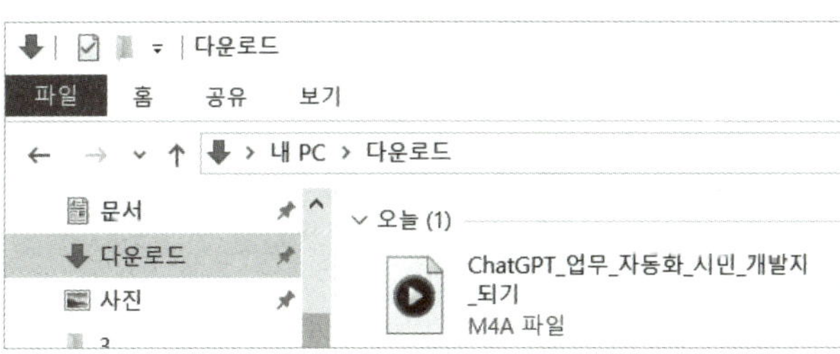

노트북 링크 공유하기

챗GPT 업무 활용법을 주제로 마인드맵과 AI 오디오 오버뷰를 만들어 봤습니다. 이렇게 만든 노트북 자체를 링크로 공유할 수 있어요.

노트북 화면 오른쪽 위에서 공유 아이콘을 클릭한 후 노트북에 액세스할 수 있는 권한을 [링크가 있는 모든 사용자]로 수정하세요.

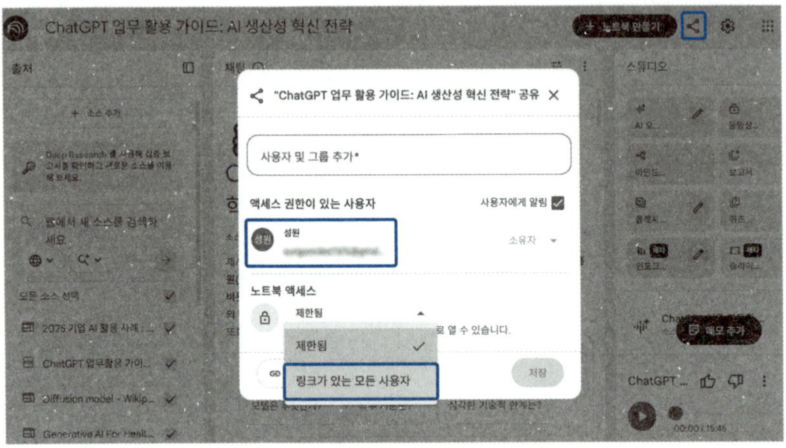

TIP 노트북 액세스 권한은 [제한됨]으로 기본 설정되어 있어요.

[링크 복사]를 클릭하고 [저장]을 누르세요. 이제 복사한 링크를 카카오톡이나 메일 등으로 공유할 수 있어요.

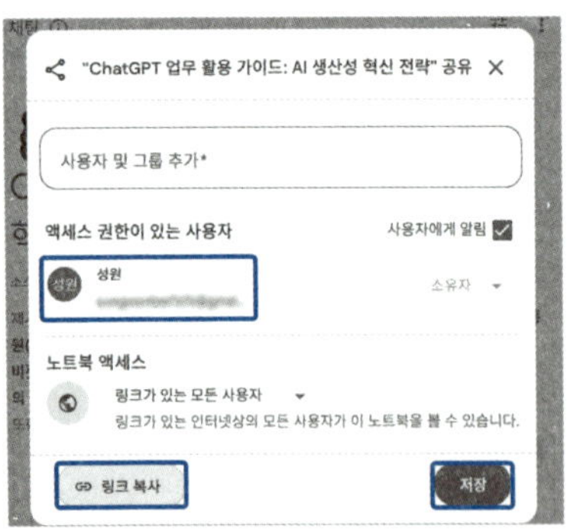

링크를 클릭하면 공유받은 노트북을 열 수 있어요. 노트북LM에서 만든 마인드맵과 AI 오디오 오버뷰를 확인해봅니다.

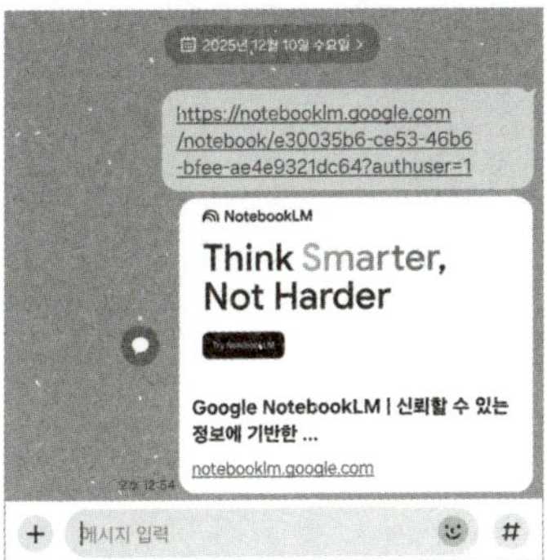

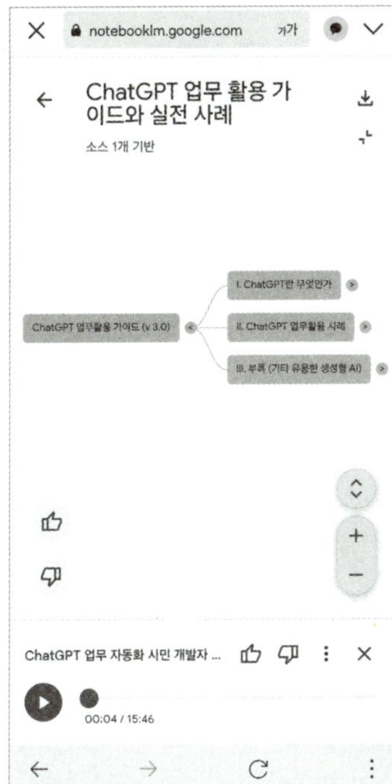

TIP 노트북 링크를 열 때 구글에 로그인하라는 안내가 나타나면 구글 계정으로 로그인하세요.

조금 더 가볼까요? 노트북LM에서 만들 수 있는 콘텐츠 알아보기

노트북LM 스튜디오에서는 마인드맵과 AI 오디오 오버뷰 외에도 선택한 자료를 기반으로 다양한 형태의 콘텐츠를 생성할 수 있습니다.

❶ **동영상 개요 :** 선택한 자료의 요약 내용을 동영상으로 제작해 보여줍니다.

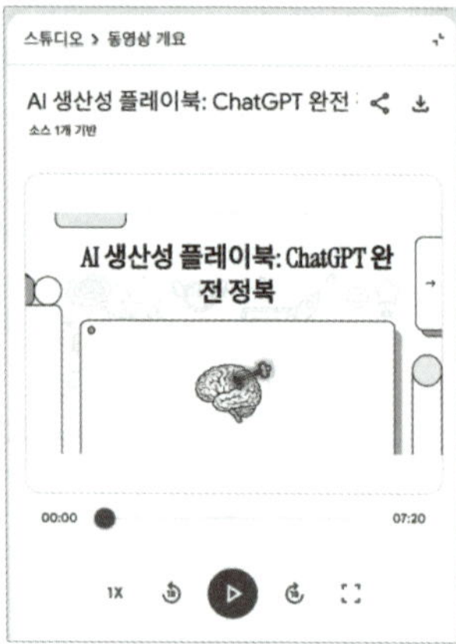

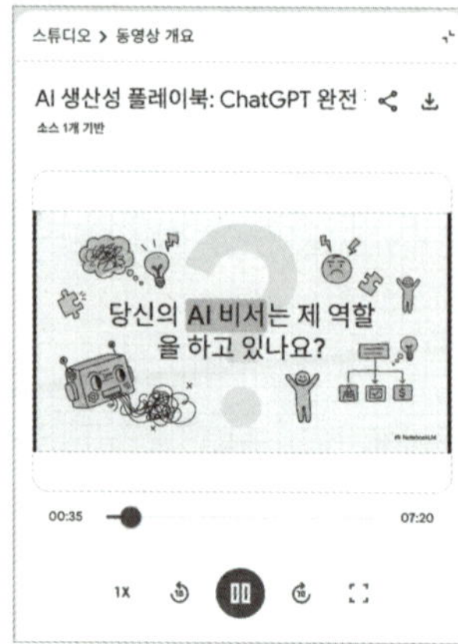

❷ **보고서 :** 자료를 기반으로 다양한 형식의 보고서를 만들어줍니다.

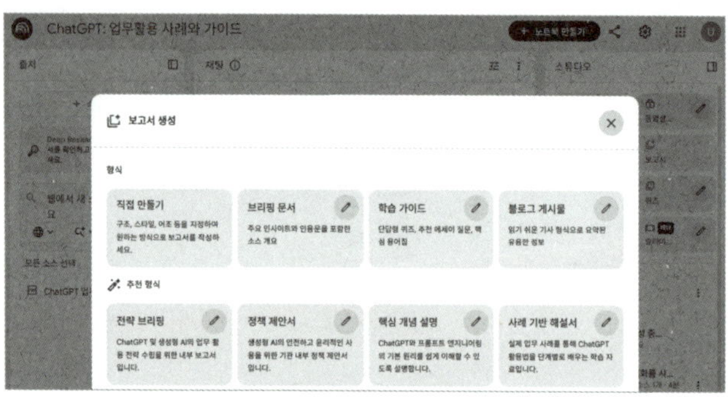

❸ **플래시 카드 :** 카드의 앞면과 뒷면을 활용해 자료의 내용을 이해하기 쉬운 카드 형태로 만들어줍니다.

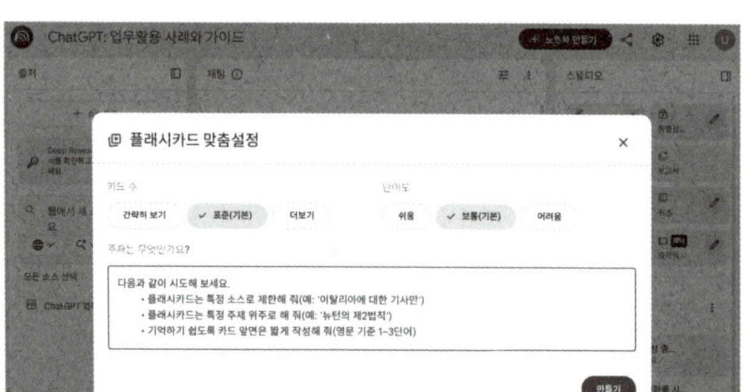

❹ **퀴즈 :** 자료를 기반으로 AI 대화형 퀴즈를 생성해줍니다.

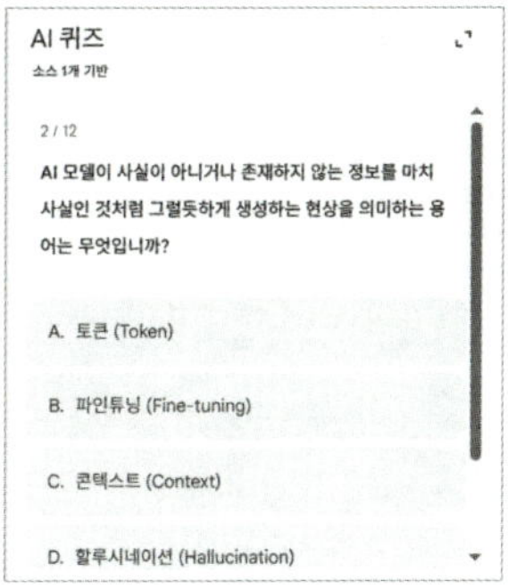

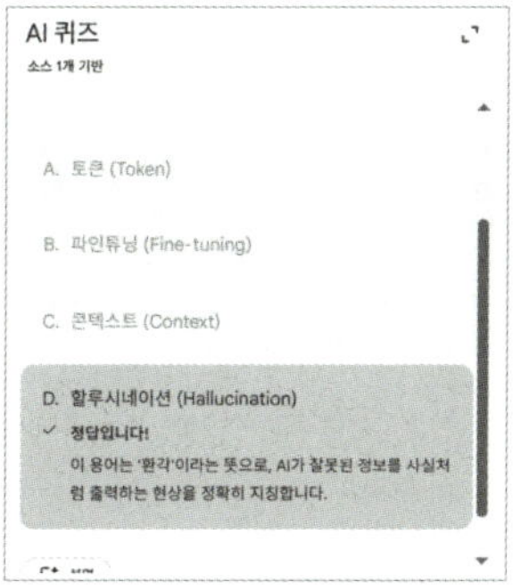

❺ **인포그래픽 :** 자료의 내용을 한 장의 인포그래픽으로 표현해줍니다.

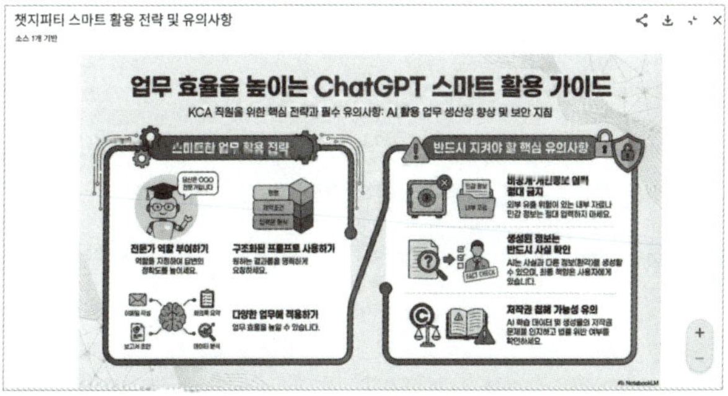

❻ **슬라이드 자료 :** 자료를 기반으로 여러 장의 프레젠테이션 슬라이드를 생성해줍니다. 슬라이드에 자세한 내용을 담거나 간략하게 요약하는 등 원하는 형식으로 자료로 만들 수 있습니다.

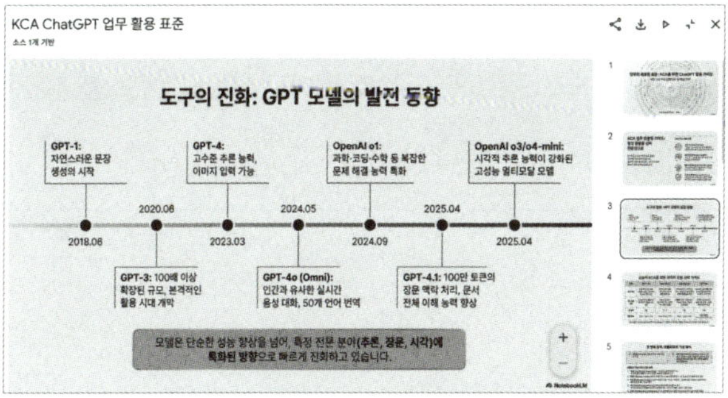

❼ 데이터 표 : 자료의 내용을 표로 정리해줍니다.

모델명	공개일	주요 특징	주요 사용 사례	웹 검색 지원 여부	접근 범위	출처
GPT-4o	2024년 05월 13일	멀티모달(Multimodal) 기능, 이전 모델 대비 더 빠른 성능, 오디오 응답 속도 개선	실시간 대화 AI, 시각 및 음성 인터랙션	가능	무료 버전(제한적), Plus/Team/Pro 사용자	[1]
OpenAI o1	2024년 09월 12일	추론 능력 강화(Reasoning), 복잡한 문제 해결 특화	과학, 코딩 및 수학 분석, 박사 수준의 정확도 필요 작업	불가능	Plus/Team/Pro 사용자(Pro 플랜용 o1 pro 모드 포함)	[1]
GPT-4.1	2025년 04월 14일	명령 이해 및 문맥 처리 강화, 100만 토큰 처리(Long-context processing)	긴 문서 이해, 코드 분석, 정밀 답변 생성	가능	Plus/Team/Pro 사용자(2025년 5월 14일부터 유료 및 무료 사용자 제공)	[1]
GPT-4.1 mini	2025년 04월 14일	응답 속도 향상 및 정확도 유지, 경량화 버전	일반 문서 작성, 보고서 초안, 일상 질의	가능	무료 버전, Plus/Team/Pro 사용자	[1]
GPT-4.1 nano	2025년 04월 14일	초경량 언어 모델, 가장 가볍고 빠름	자동 완성, 간단 분류 등 경량 업무	API에서 가능	API 전용 사용자	[1]
OpenAI o3	2025년 04월 16일	고정밀 이미지 및 텍스트 추론, 복잡한 시각 추론 가능	고급 이미지 분석, 다양한 도구 결합 작업	가능	Plus/Team/Pro 사용자	[1]
OpenAI o4-mini	2025년 04월 16일	시각적 멀티모달 성능 강화, 빠르고 가벼운 경량 모델	일상적 시각 정보 요약, 빠른 질의응답	가능	무료 버전(제한적), Plus/Team/Pro 사용자	[1]

⌛ 3분만요! 누나IT의 3분 영상 강의

누나IT 유튜브 채널에서 3분 영상을 시청하고 **<한번에 보고서, 영상까지 만들어주는 구글 노트북LM 활용법>**을 복습해보세요.

QR 코드 인식이 어렵다면 유튜브 검색창에 누나IT 노트북LM 활용법를 검색하세요.

정리해볼까요?

- 노트북LM에서는 선택한 소스의 내용을 한눈에 볼 수 있는 마인드맵을 만들거나 소스를 분석해서 음성으로 출력되는 AI 오디오 오버뷰를 만들 수 있습니다.
- 노트북LM에서 만든 마인드맵과 AI 오디오 오버뷰는 이미지나 음성 파일로 다운로드할 수 있어요. 노트북을 링크로 공유하면 노트북LM에서 생성한 콘텐츠를 자유롭게 살펴볼 수 있습니다.

노트북LM에서 보고서 만들고 제미나이로 슬라이드도 제작해보자

02

시작해볼까요?

노트북LM으로 보고서 초안을 만들거나 발표용 슬라이드의 개요를 만들어 업무에 활용할 수 있습니다. 내 자료를 기반으로 업무 보고용 워드 문서나 발표용 슬라이드를 생성해보세요. 노트북LM이 나만의 AI 어시스턴트가 되어 업무 효율성을 높여줍니다.

노트북LM으로 업무용 보고 자료 만들기

노트북LM의 스튜디오에서 제공하는 보고서 기능을 이용하면 내가 선택한 자료를 기반으로 업무용 보고 자료를 손쉽게 생성할 수 있어요.

챗GPT 업무 활용법을 주제로 만들어둔 노트북을 계속 사용해 실습하겠습니다. 오른쪽에 표시되는 [스튜디오] 영역에서 [보고서]를 클릭하면 보고서 생성 옵션을 선택할 수 있습니다. [브리핑 문서]를 클릭합니다.

보고서가 생성되었습니다. 보고서를 클릭하여 열어보세요.

보고서 내용을 확인하고 [복사 아이콘]를 클릭해 복사하세요.

컴퓨터에서 워드 프로그램을 열고 단축키 Ctrl과 V를 눌러 복사한 내용을 붙여 넣으면 업무용 보고 자료가 순식간에 완성됩니다.

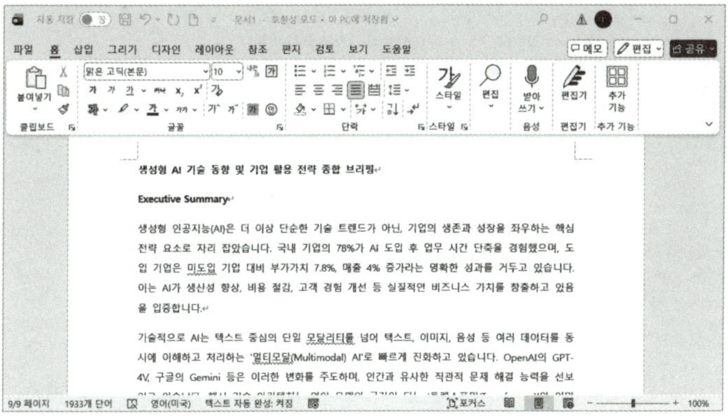

노트북LM으로 발표 개요 만들고 제미나이 Canvas로 슬라이드 제작하기

노트북LM에서 정리한 자료로 발표 개요를 만든 후 제미나이에서 슬라이드를 제작해보겠습니다. 노트북LM의 대화창에 다음과 같이 프롬프트를 입력합니다.

> 위 자료를 기반으로 '범용 인공지능의 미래 전망'이라는 제목의 10장 발표 자료 개요를 만들어줘. 각 슬라이드에는 제목, 핵심 포인트 2~3개, 간단한 출처 메모를 넣어줘

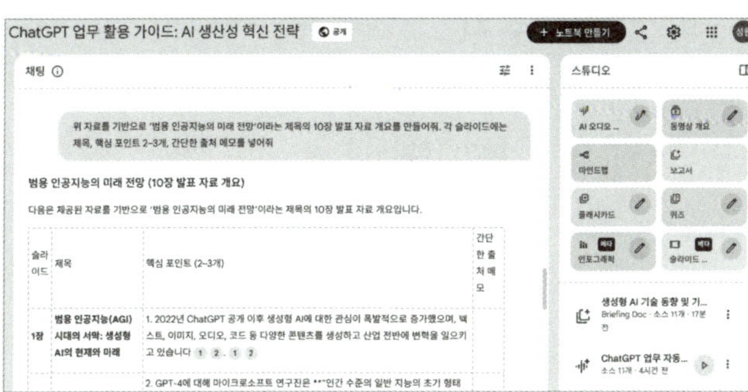

발표 개요가 작성되면 답변의 아래로 이동해서 [복사]를 클릭하세요.

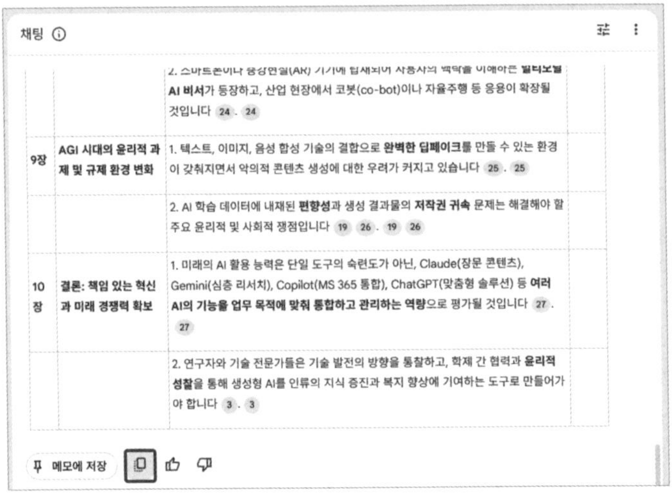

이제 제미나이로 이동해서 슬라이드를 만들어보겠습니다. 제미나이로 이동할 때는 크롬 브라우저 오른쪽에서 구글 앱 버튼[⋮⋮⋮]을 클릭한 후 [Gemini]를 클릭해 이동하면 편해요.

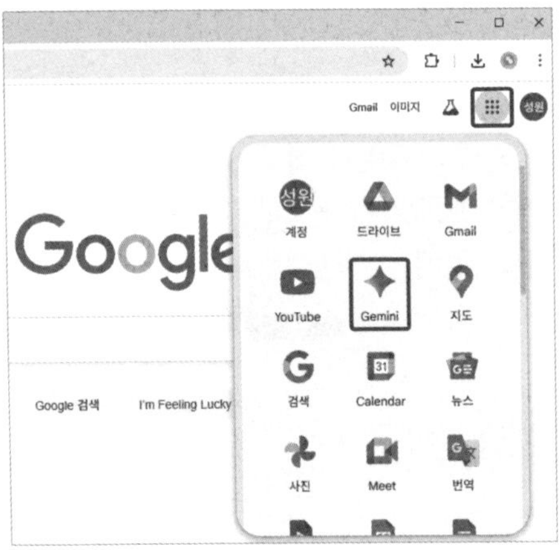

제미나이 대화창이 나타나면 도구에서 [Canvas]를 선택합니다.

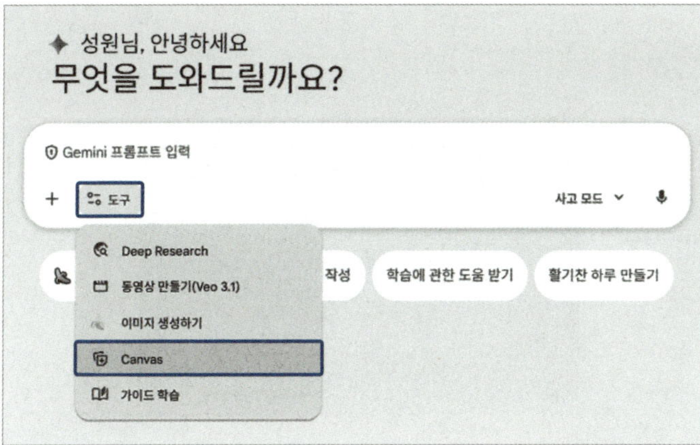

대화창에는 앞서 노트북LM에서 복사한 자료를 붙여넣기한 후 다음과 같이 프롬프트를 입력합니다.

위 내용을 10장짜리 PPT로 바꿔줘. 슬라이드 제목, 간단한 설명, 차트, 타임라인, 인용문 같은 적절한 시각 요소도 제안해줘

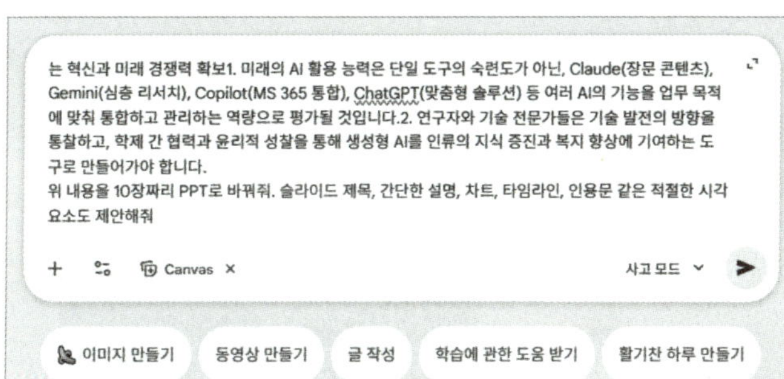

제미나이가 10장짜리 슬라이드를 생성해서 보여줍니다.

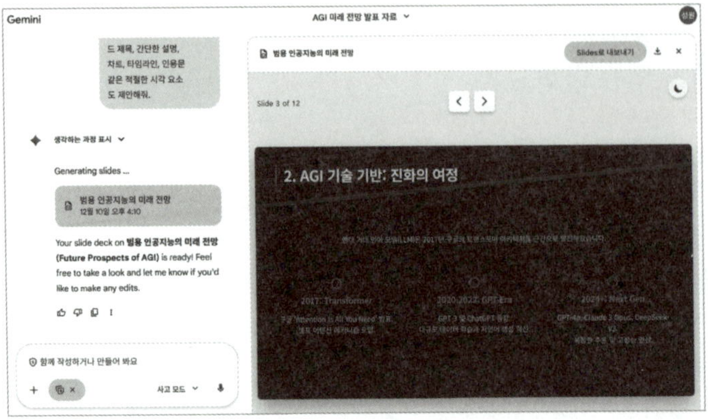

슬라이드 작성이 완료되면 다운로드하거나 슬라이드로 내보내기해서 열어볼 수 있어요. [Slides로 내보내기]를 클릭합니다.

TIP 전체 슬라이드를 바로 다운로드하려면 [다운로드 아이콘]를 클릭합니다. PDF 파일 형식으로 슬라이드를 다운로드할 수 있습니다.

슬라이드 생성이 완료되면 대화창 아래쪽에 [Slides 열기] 표시가 나타납니다. 클릭하여 슬라이드를 열어보세요.

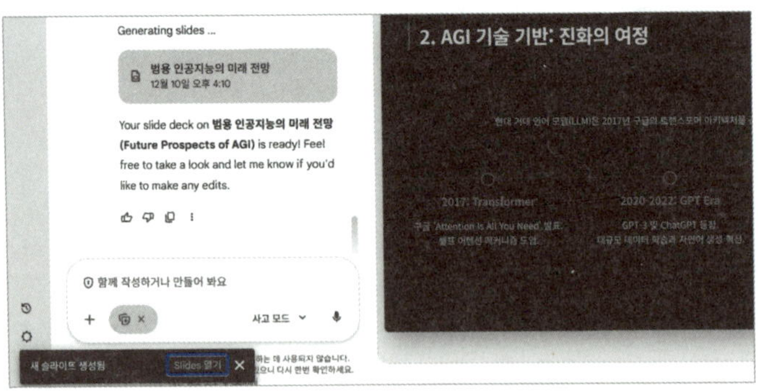

구글 드라이브에서 슬라이드가 열립니다. 원하는 내용을 수정하고 슬라이드 작성을 완료합니다.

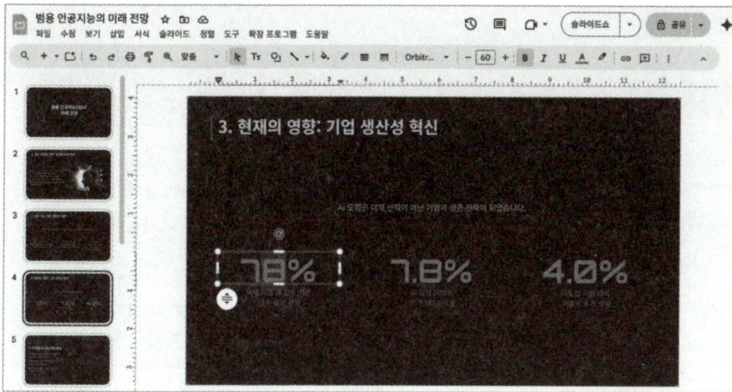

조금 더 가볼까요?

제미나이 슬라이드와 노트북LM 슬라이드 비교하기

노트북LM의 슬라이드 자료 기능으로도 프레젠테이션 슬라이드를 만들 수 있습니다.

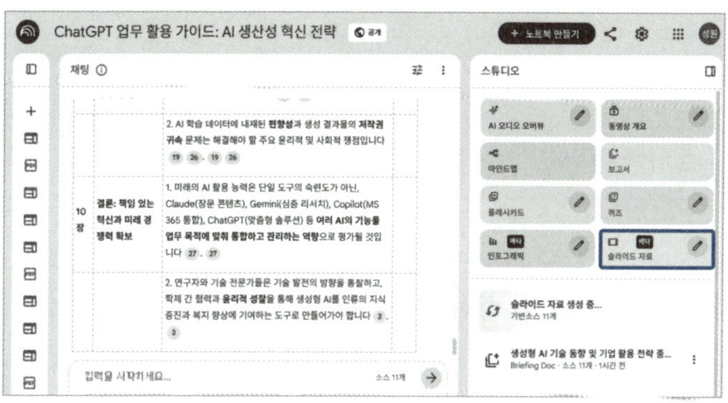

생성된 자료를 제미나이에서 만든 슬라이드와 비교해보고 마음에 드는 슬라이드를 선택하여 사용해보세요.

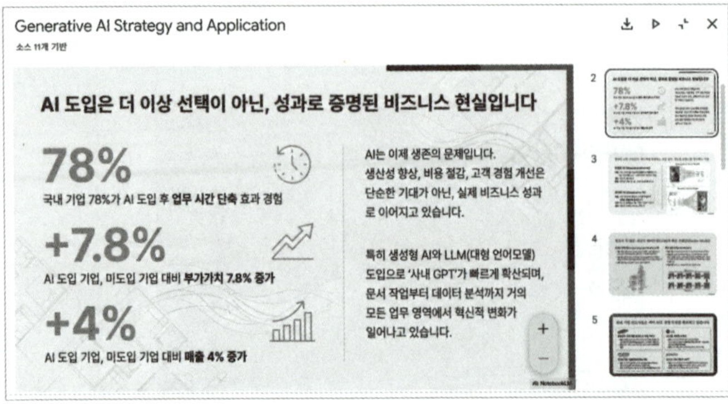

노트북LM 노트북 확인하기

노트북LM에서 **<챗GPT 업무 활용 가이드 노트북>**을 확인해보세요.

QR 코드 인식이 어렵거나 컴퓨터에서 확인하고 싶다면 크롬 브라우저 주소창에 https://hanb.link/1bdL을 입력하세요.

정리해볼까요?

- 노트북LM의 보고서 기능을 이용하면 내가 선택한 자료로 보고 자료를 정리해줍니다. 정리된 내용을 워드 프로그램에 바로 붙여넣기하여 업무용 보고서를 작성해보세요.
- 노트북LM에서 발표 자료의 개요를 만든 후 제미나이의 [Canvas] 도구를 이용해 슬라이드를 만들 수 있어요. 생성된 슬라이드는 바로 다운로드하거나 구글 드라이브에서 열어 수정하여 사용합니다.

6장

이미지 생성의 혁명! 나노바나나 프로 활용하기

나노바나나 프로를 만나보자

01

시작해볼까요?

이미지를 조금만 수정해달라고 했는데도 전혀 다른 결과가 나와 답답했던 적이 있나요? 이제 그 스트레스를 날려버릴 시간입니다. 혁신적인 이미지 생성 AI인 나노바나나가 있으니까요. 특히 최근 공개된 나노바나나 프로는 차원이 다른 성능을 자랑합니다.

나노바나나 프로 살펴보기

제미나이를 쓰다 보면 대화창 아래에 있는 바나나가 눈에 띄었을 텐데요. 이것이 바로 구글이 만든 이미지 생성 AI 나노바나나 프로입니다.

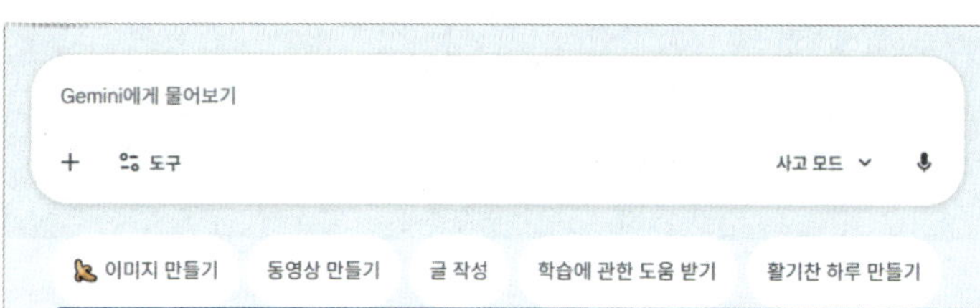

나노바나나는 제미나이 대화창에 포함되어 있는 기능이에요. 별도의 프로그램을 설치하거나 새 창을 열 필요 없이 바로 사용할 수 있어 편리합니다.

기존 이미지 생성 AI 도구들은 "강아지를 고양이로 바꿔줘"라고 요청하면 배경까지 다 바꿔버려 난감할 때가 많았는데요. 나노바나나 프로는 다릅니다. 사용자의 의도를 정확히 파악해 필요한 이미지를 만들어 줍니다. 예를 들어 밝은 낮에서 분위기 있는 밤으로 바꾸는 등 이미지를 빠르고 자연스럽게 생성할 수 있습니다.

▲ 이미지의 세부 요소가 그대로 유지되면서 낮에서 밤으로 수정되었어요(출처 : 구글)

나노바나나 vs 나노바나나 프로 차이 알아보기

나노바나나는 두 가지 모델로 구분됩니다. 먼저 공개된 기본 모델 '나노바나나'와 이후 더욱 강력한 성능으로 출시된 '나노바나나 프로'입니다. 두 가지 모델의 차이를 정리한 다음 표를 통해 성능을 비교해보세요.

항목	나노바나나	나노바나나 프로
사용 모델	Gemini 3 Flash(빠른 모드)	Gemini 3 Pro(사고 모드)
특징	빠르게 이미지를 생성해 간단한 작업에 적합	더 정교한 결과와 세부 조정이 필요한 작업에 적합
해상도	1K(기본 해상도 출력)	1K, 2K, 4K 등(초고해상도 출력 지원)
일관성	프롬프트에 따라 결과 편차가 있을 수 있음	스타일과 결과의 일관성이 비교적 높음
텍스트 구현	낮음(이미지 내 텍스트 표현 정확도가 제한적)	매우 높음(이미지 내 텍스트 표현 정확도가 개선됨)

TIP 제미나이 무료 버전 사용자도 하루 약 2~4회까지는 나노바나나 프로(사고 모드)를 이용할 수 있습니다. 사용량을 모두 쓰면 빠른 모드로 전환되어 이미지를 계속 생성할 수 있어요.

039쪽 제미나이 무료 vs 유료 버전 차이 알아보기

나노바나나 프로는 텍스트도 정확하게 써줘요

나노바나나가 혁신적인 또 다른 이유는 탁월한 텍스트 표현력에 있습니다. 기존 이미지 생성 AI 도구들이 텍스트를 외계어처럼 엉뚱하게 써줬던 것과 달리 나노바나나는 오타 없이 글자를 생성해줘요. 특히 나노바나나 프로는 다음 이미지처럼 텍스트를 완벽하게 구현하는 놀라운 성능을 보여줍니다.

▲ 텍스트 표현이 굉장히 정교한 것을 확인할 수 있어요(출처 : 구글)

⌛ 3분만요! 누나IT의 3분 영상 강의

누나IT 유튜브 채널에서 3분 영상을 시청하고 **<나노바나나 소개>**를 살펴보세요.

QR 코드 인식이 어렵다면 유튜브 검색창에 누나IT 나노바나나를 검색하세요.

⌛ 3분만요! 누나IT의 3분 영상 강의

누나IT 유튜브 채널에서 3분 영상을 시청하고 **<나노바나나 프로 완전 분석, 10가지 충격적인 기능>**을 살펴보세요.

QR 코드 인식이 어렵다면 유튜브 검색창에 누나IT 나노바나나 프로를 검색하세요.

정리해볼까요?

- 나노바나나는 구글이 만든 이미지 생성 AI로 제미나이 대화창에 포함되어 있는 기능입니다.
- 나노바나나는 '나노바나나', '나노바나나 프로' 두 가지 모델이 있습니다. 제미나이 무료 버전 사용자는 나노바나나 프로로 하루에 이미지를 약 2~4회 만들 수 있어요. 텍스트 구현까지 완벽한 나노바나나 프로를 무료로 경험해보세요.

인물의 특징을 유지한 이미지와 제품 착용 사진을 생성해보자

02

시작해볼까요?

실습 파일 6장/코트.png, 카디건.png, 셔츠.png, 니트.png

나노바나나 프로가 얼마나 훌륭한지 직접 체험해볼 차례입니다. 프롬프트 입력만으로 원하는 이미지를 만들고 수정하는 방법부터 AI 모델의 제품 착용 사진을 만드는 과정까지 단계별로 알아볼게요.

인물 이미지 만들고 배경과 머리 스타일 바꾸기

나노바나나 프로의 진가는 생성한 이미지를 내 마음대로 바꿀 때 발휘됩니다. 단순히 이미지를 생성하는 것을 넘어 내가 원하는 조건으로 수정하는 방법까지 알아볼게요.

먼저 제미나이 대화창에서 [도구]를 클릭하고 [이미지 생성하기]를 선택합니다.

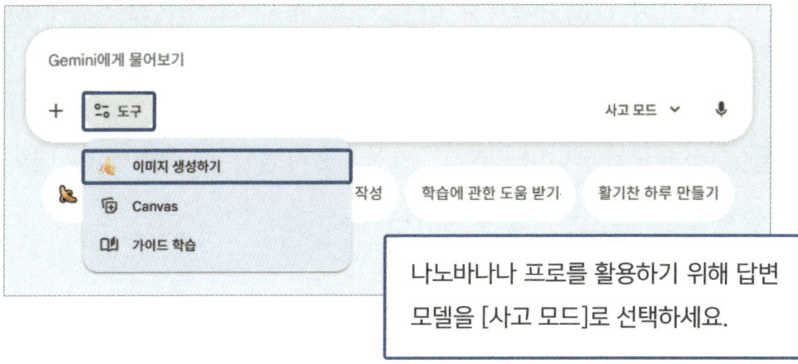

대화창에 '이미지를 설명하세요'라는 문구가 나타나고, 아래에 [이미지]가 표시되면 원하는 프롬프트를 입력하면 됩니다.

대화창에 다음과 같이 프롬프트를 입력해볼게요.

20대 한국 여대생이 가을 캠퍼스를 거니는 모습을 그려줘

나노바나나 프로가 트렌치코트를 입고 가을 캠퍼스를 거니는 20대 여대생 이미지를 생성해줬네요.

이미지를 수정해보겠습니다. 배경, 계절, 옷차림을 바꿔볼게요. 대화창에 다음과 같이 프롬프트를 입력합니다.

배경을 공원으로 하고 주변 사람은 없애줘. 계절은 봄으로 바꾸고 옷도 조금 간편한 복장으로 그려줘

어떤가요? 인물의 생김새는 그대로 유지한 채 배경을 벚꽃 핀 공원으로, 복장은 청바지 차림의 편안한 옷으로 바꿔주었습니다. 주변 사람도 깔끔하게 없애줬어요.

마지막으로 머리 스타일까지 바꿔볼게요. 대화창에 다음과 같이 프롬프트를 입력합니다.

머리 스타일을 단발로 바꿔줘

머리 스타일이 단발로 변경되었습니다. 이처럼 나노바나나 프로를 활용하면 원본의 세부적인 요소(인물의 특징)들은 그대로 유지하면서 원하는 대로 이미지를 편집할 수 있어요.

조금 더 가볼까요? 인물 구도를 활용해 이미지 만들기

이미지 속 인물이 화면에 얼마나 크게 나올지 결정하는 구도를 지정하면 이미지 편집을 더 전문적으로 할 수 있습니다. 대표적인 구도 다섯 가지는 다음과 같아요.

❶ **클로즈업 샷 :** 얼굴을 화면 가득 채워 표정을 강조하는 샷

❷ 바스트 샷 : 가슴 윗부분까지 보여주는 일반적이고 안정적인 샷

❸ 웨이스트 샷 : 허리 위 상체까지 보여주는 샷

❹ 니 샷 : 무릎 위까지 보여주며 인물의 동작을 표현하기 좋은 샷

❺ 풀 샷 : 머리부터 발끝까지 전신이 나오는 샷

앞선 실습에서 만든 이미지를 웨이스트 샷으로 편집하려면 대화창에 **웨이스트 샷으로 바꿔줘**라고 입력합니다. 나노바나나 프로가 이미지를 바로 수정해줍니다.

조금 더 가볼까요?

카메라 앵글을 접목해 이미지 만들기

카메라의 각도, 즉 앵글을 바꾸면 전혀 다른 분위기를 연출할 수 있습니다. 대표적인 앵글 세 가지는 다음과 같아요.

❶ **아이 레벨 앵글 :** 사람의 눈높이에서 바라본 가장 편안하고 일상적인 앵글

❷ 하이 앵글 : 대상을 귀엽거나 작게 표현할 때 효과적인 위에서 아래로 내려다보는 앵글

❸ 로우 앵글 : 대상을 웅장하고 거대해 보이게 만드는 아래에서 위로 올려다보는 앵글

귀여운 강아지 이미지를 하이 앵글로 생성하려면 대화창에 **강아지 이미지를 하이 앵글로 그려줘**라고 입력합니다. 나노바나나 프로가 하이 앵글의 강아지 이미지를 만들어줍니다.

제품 사진 첨부하고 모델 착용 이미지 구현하기

쇼핑몰을 운영 중이라면 환호하셔야 합니다. 쇼핑몰에 사용할 제품 착용 사진을 찍으려면 모델 섭외부터 스튜디오 대관, 촬영, 후보정까지 만만치 않은 비용과 수고가 들었을 거예요. 그러나 나노바나나 프로를 활용하면 제품 착용 이미지도 순식간에 완성할 수 있습니다.

여기서는 6장 실습 파일 **코트.png**, **카디건.png**, **셔츠.png**, **니트.png**를 사용해 이미지를 만들어볼게요. 먼저 대화창에 [파일 추가+]를 클릭하고 [파일 업로드]를 선택합니다.

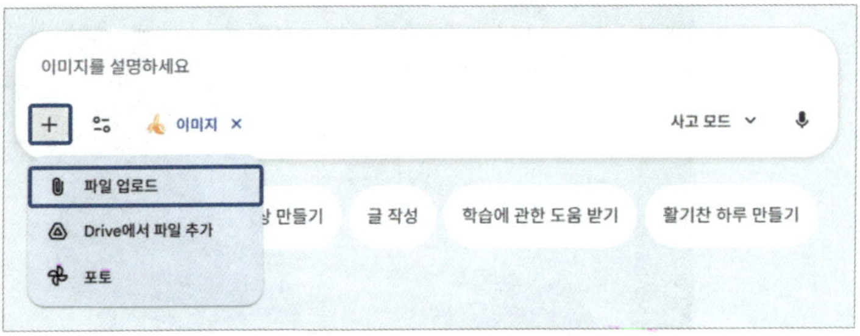

내 컴퓨터에서 미리 다운로드해둔 실습 파일을 찾아 선택한 후 [열기]를 클릭합니다.

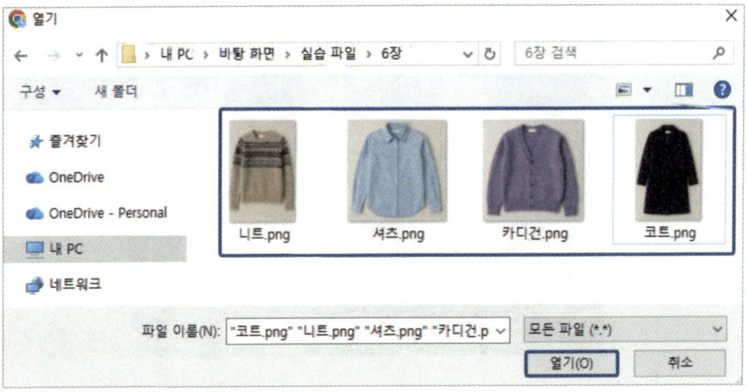

대화창에 파일이 업로드되었다면 다음과 같이 프롬프트를 입력합니다.

한국인 중년 여성 모델이 첨부한 이미지의 옷을 입고 야외 공원에서 포즈 잡고 있는 사진을 각각 만들어줘

만약 사진 한 장에 모든 제품 이미지를 넣고 싶다면 다음과 같이 요청해보세요. 나노바나나 프로가 이미지를 바로 수정해줍니다.

4명의 여성 모델이 포즈 잡고 있는 사진을 한 장으로 만들어줘

나노바나나 프로가 훌륭한 모델 착용 사진을 만들어줬습니다. 이제 제품 사진을 휴대폰으로 촬영해 대화창에 첨부하는 것만으로도 별도의 비용을 들이지 않고 제품 홍보용 이미지를 제작할 수 있습니다.

조금 더 가볼까요? 오래된 흑백 사진을 컬러 사진으로 복원하기

오래된 흑백 사진도 컬러 사진으로 근사하게 복원할 수 있습니다. 대화창에 복원하고 싶은 흑백 사진 파일을 첨부합니다. 여기서는 아버지의 어린 시절 흑백 사진을 첨부했어요. 파일 첨부가 완료되면 대화창에 **컬러 사진으로 선명하게 복원해줘**라고 입력합니다.

나노바나나 프로가 사진을 복원해줍니다.

부모님의 흑백 사진을 컬러 사진으로 변환해 선물해보세요. 기뻐하는 부모님의 모습을 볼 수 있을 겁니다.

정리해볼까요?

- 나노바나나 프로를 활용할 때는 [사고 모드]로 설정해 사용하세요. 텍스트 입력만으로 원하는 이미지를 만들 수 있습니다.
- 나노바나나 프로를 활용하면 이미지의 특징을 유지한 채 원하는 부분만 섬세하게 편집할 수 있습니다. 배경, 복장, 머리 스타일 등 다양한 요소를 원하는 대로 바꿔보세요.
- 제품 사진을 첨부해 이미지 생성을 요청하면 실제 모델 없이도 완벽한 제품 착용 이미지를 만들 수 있습니다.

인포그래픽부터 로고까지 글자가 포함된 다양한 이미지를 만들어보자

03

시작해볼까요?

텍스트 생성 능력이 뛰어난 나노바나나 프로를 활용하면 말풍선에 대사가 들어간 만화나, 인포그래픽, 상호명이 들어가는 로고, 매력적인 문구가 필요한 섬네일, 포스터, 메시지 카드 등을 순식간에 만들 수 있습니다. 나노바나나 프로의 뛰어난 텍스트 생성 능력을 체험해볼게요.

글자가 들어가는 이미지 만들기

나노바나나 프로는 글자를 구현해내는 능력도 탁월합니다. 한글을 얼마나 정확하게 써주는지 확인해볼게요. 대화창에 다음과 같이 프롬프트를 입력합니다.

이순신 장군의 업적을 네 컷 만화로 그려줘

거북선부터 이순신 장군의 유명한 어록까지 한글이 오류 없이 구현된 것을 확인할 수 있습니다.

이번에는 글자가 더 많이 들어가는 인포그래픽을 만들어보겠습니다. 대화창에 다음과 같이 프롬프트를 입력해보세요.

재활용 방법을 안내하는 인포그래픽을 그려줘

단순히 한글을 정확하게 써주는 것을 넘어 이미지 콘셉트에 맞춰 디자인까지 완성해준 것을 확인할 수 있습니다.

가게 로고 제작하기

사업을 하는 분들이라면 '로고 만드는 데 비용이 얼마나 들까?' 하는 고민을 해봤을 텐데요. 나노바나나 프로를 활용하면 내 사업에 딱 맞는 로고를 직접 만들 수 있습니다.

글자 구현이 정확한 것이 강점인 나노바나나 프로는 우리가 원하는 한글 상호명을 예쁘게 디자인해줍니다. 제 유튜브 채널명인 누나IT를 살려 '누나 설렁탕'이라는 가게 로고를 만들어볼게요. 대화창에 다음과 같이 프롬프트를 입력합니다.

캘리그래피 느낌의 귀여운 가게 로고를 만들어줘. 가게 이름은 '누나 설렁탕'이야

로고가 생성되었습니다. '누나'라고 했는데 할머니 캐릭터를 그려줬네요. AI가 설렁탕은 원조 할머니 느낌이 좋다고 생각했나봐요. 수정을 요청해보겠습니다. 대화창에 다음과 같이 프롬프트를 입력합니다.

캐릭터를 조금 더 젊은 누나 스타일로 바꿔줘

로고의 캐릭터가 젊은 여성의 이미지로 잘 수정되었습니다.

TIP 요즘에는 SNS로 가게를 홍보하는 사장님들도 많습니다. 나노바나나 프로로 만든 로고를 인스타그램 등 SNS 프로필 이미지로 활용해보세요.

뷰티 · IT 콘텐츠의 유튜브 섬네일 생성하기

유튜브 조회수의 대부분이 섬네일에 의해 결정된다고 해도 과언이 아닙니다. 타깃 시청자와 콘텐츠 정보만 간단히 알려주고 유튜브 섬네일을 제작해달라고 해볼게요. 대화창에 다음과 같이 프롬프트를 입력합니다.

향수 추천하는 유튜브 영상 섬네일을 만들어줘. 20대 여성 시청자 타깃이야

놀랍지 않나요? 이미지를 첨부한 것도 아니고, 글로 요청했을 뿐인데 바로 써도 손색이 없을 정도의 섬네일이 완성되었습니다.

이번에는 얼굴 이미지를 첨부해 유튜브 섬네일을 만들어볼게요. 대화창에 [파일 추가+]를 클릭하고 [파일 업로드]를 선택해 얼굴이 나온 이미지를 첨부해주세요.

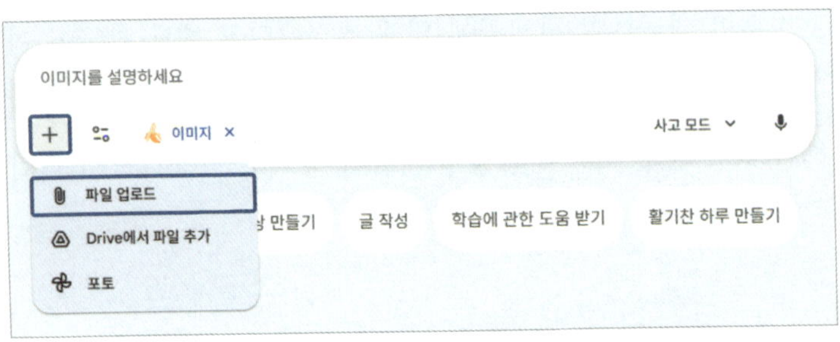

대화창에 이미지가 첨부되었다면 다음과 같이 프롬프트를 입력해볼게요.

IT 유튜브 섬네일을 만들어줘. 타이틀은 '스마트폰 없으면 못 살아'로 해줘

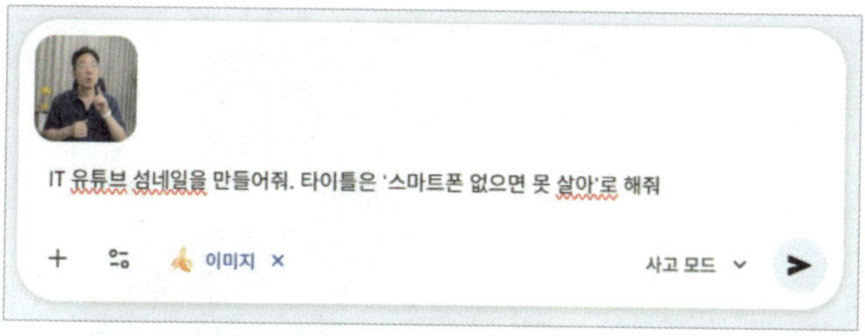

내 얼굴이 들어간 멋진 섬네일이 완성되었습니다. 섬네일에 들어갈 문구나 색상, 분위기를 조금씩 바꿔가며 다양한 버전을 만들어보세요. 표정이나 손짓을 강조해 시선을 끄는 섬네일도 만들어볼 수 있습니다. 이렇게 만든 이미지를 유튜브 섬네일로 바로 활용해도 좋겠죠.

조금 더 가볼까요?

다양한 화면 비율로 이미지 요청하기

SNS 콘텐츠 용도로 쓸 목적이라면 나노바나나 프로에게 미리 비율을 정해줘도 좋습니다. 대표적인 화면 비율은 다음과 같아요.

❶ 16:9(와이드 스크린) : 유튜브 섬네일에 적합한 가로로 긴 시원한 비율

❷ 9:16(세로형 스크린) : 요즘 대세인 숏폼 콘텐츠에 적합한 세로로 긴 비율

❸ **1:1(정방향 스크린) :** 프로필 이미지나 앨범 재킷 이미지에 적합한 정사각형 비율

원하는 비율을 프롬프트에 함께 입력해보세요. 나노바나나 프로가 비율에 맞춘 이미지를 제공해줄 거예요.

1분만요! 누나IT의 1분 영상 강의

누나IT 유튜브 채널에서 1분 쇼츠를 시청하고 **<화면 비율을 지정해 이미지 만들기>**를 복습해보세요.

QR 코드 인식이 어렵다면 유튜브 검색창에 누나IT 화면 비율 지정 이미지를 검색하세요.

회사 체육 대회 포스터 만들기

인사팀이나 총무팀에 소속되어 있다면 행사 포스터를 만들 일이 많을 텐데요. 춘계 체육 대회 포스터를 만들어보겠습니다. 대화창에 다음과 같이 프롬프트를 입력합니다.

회사 체육 대회 포스터 만들어줘

- 제목 : 우리는 하나다
- 일시 : 2026년 4월 11일(토) 오전 10시
- 장소 : 올림픽공원
- 회사명 : 누나IT 엔터테인먼트

행사 주제가 잘 드러나는 포스터가 완성되었습니다. 만약 다른 스타일로 포스터를 만들고 싶다면 참고 자료를 주고 수정을 요청할 수도 있어요.

세련된 분위기의 참고 자료를 인터넷에서 찾아 첨부하고 포스터 수정을 요청해보겠습니다. 대화창에 참고 자료(이미지)가 첨부되었다면 다음과 같이 프롬프트를 입력합니다.

첨부한 참고 자료와 같은 분위기로 체육 대회 포스터를 수정해줘

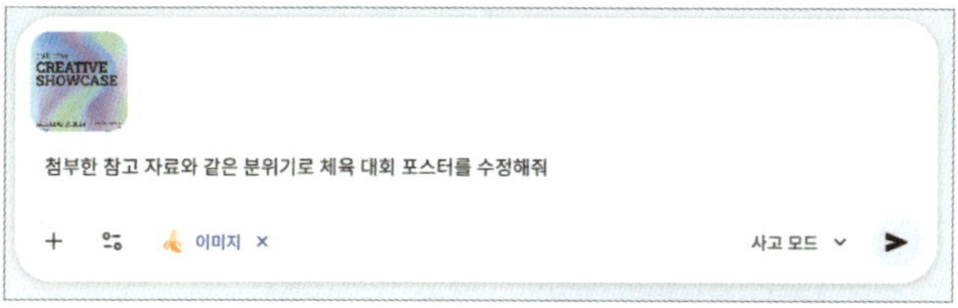

포스터의 분위기가 첨부한 자료처럼 세련되게 바뀌었죠. 나노바나나 프로를 활용하면 회사나 행사의 성격에 딱 맞는 포스터를 수월하게 만들 수 있습니다.

메시지 카드 만들어 부모님께 전달하기

연말이나 신년, 명절에 카카오톡 메시지로 소중한 사람들과 인사를 나누는 일이 많은데요. 이번에는 연말연시 부모님께 보낼 메시지 카드를 만들어보겠습니다. 어떤 메시지를 쓸지 고민할 필요 없이 제미나이에게 문구를 요청해볼게요. 대화창에 다음과 같이 프롬프트를 입력합니다.

부모님께 전할 연말연시 메시지 카드 문구 추천해줘

1. 건강과 안녕을 기원하는 문구 (가장 기본적이고 따뜻한 스타일)

- "사랑하는 부모님, 2026년 새해에는 무엇보다 **건강**하시고 늘 웃음꽃 피는 행복한 한 해가 되시길 소망합니다. 새해 복 많이 받으세요!"
- "엄마, 아빠! 올 한 해도 두 분의 건강이 저에게는 가장 큰 선물입니다. 새해에는 더욱 활기차고 즐거운 일들만 가득하시길 바랍니다."
- "지난 한 해 동안 주신 큰 사랑에 감사드립니다. 2026년에는 더 많이 효도하겠습니다. 부모님, 늘 건강하고 평안하세요."

2. 감동과 감사를 전하는 문구 (진심 어린 마음을 전하고 싶을 때)

- "언제나 든든한 버팀목이 되어주시는 부모님, 덕분에 올 한 해도 따뜻하게 보냈습니다. 부모님의 자녀라서 정말 행복합니다. 사랑합니다!"
- "부모님이 계시기에 제가 있습니다. 말로 다 표현하지 못하는 감사의 마음을 이 카드에 담아 보냅니다. 새해에는 제가 부모님의 든든한 기쁨이 되어 드릴게요."
- "함께라서 더욱 행복한 2026년입니다. 부모님의 인생 2막이 언제나 빛나기를 응원하며, 누구보다 존경하고 사랑합니다."

3. 밝고 경쾌한 문구 (SNS나 카카오톡으로 가볍게 보낼 때)

- "2026년 새해 복은 부모님께서 다 받으세요! 올 한 해도 엄마, 아빠 하고 싶은 거 다 하는 '꽃길'만 걸으시길 바랍니다."

제미나이가 추천해준 문구 중 마음에 드는 것을 골라 메시지 카드를 만들어보겠습니다. 대화창에 다음과 같이 프롬프트를 입력합니다.

언제나 든든한 버팀목이 되어주시는 부모님, 덕분에 올 한 해도 따뜻하게 보냈습니다. 부모님의 자녀라서 정말 행복합니다. 사랑합니다!

위 내용으로 메시지 카드 이미지 만들어줘

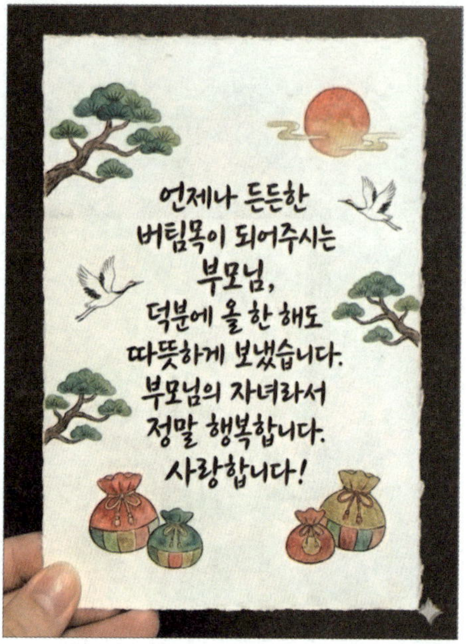

나노바나나 프로가 생성해준 이미지 위에 마우스 포인터를 올리면 세 가지 아이콘이 나옵니다. 이 중 오른쪽의 [원본 크기 다운로드]를 클릭해 이미지를 다운로드하세요.

다운로드한 메시지 카드를 카카오톡으로 전송해 인사를 남겨보세요.

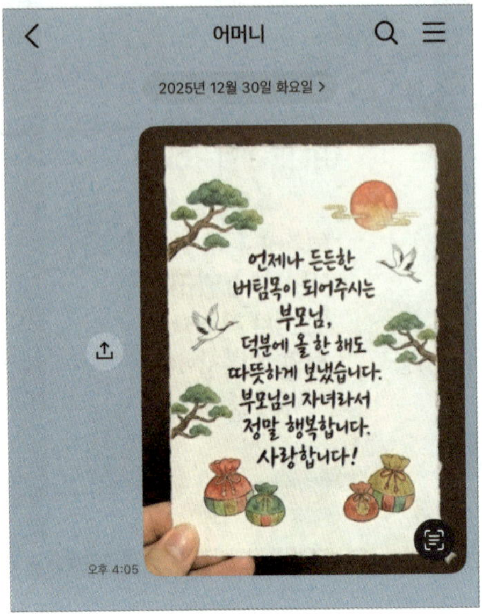

정리해볼까요?

- 텍스트를 정확하게 인식하여 써주는 나노바나나 프로를 활용해 말풍선에 텍스트가 들어가는 만화나 정보가 들어가는 인포그래픽을 그려볼 수 있습니다.
- 프롬프트만으로 텍스트가 들어 있는 가게 로고를 만들거나 유튜브 섬네일, 포스터, 메시지 카드 등을 생성할 수 있습니다. 나노바나나 프로는 한글도 정확히 구현해주기 때문에 활용도가 높습니다.

7장

상상을 구현하는 구글 AI 서비스 경험하기

구글 AI 스튜디오의 TTS 기능으로 텍스트를 음성으로 변환해보자

01

시작해볼까요?

구글 AI 스튜디오는 개발자 그룹이 제미나이에 들어갈 최신 기능을 시험해보는 도구입니다. 제미나이에 포함된 기능을 비롯해 다양한 기능을 경험해볼 수 있어요. [Gemimi 2.5 Pro Preview TTS] 기능을 활용해 텍스트로 작성한 대본을 AI가 읽어주는 음성 파일로 만들어보겠습니다.

구글 AI 스튜디오 첫 화면 살펴보기

구글 AI 스튜디오를 사용하려면 먼저 홈페이지에 접속해야 합니다. 크롬 브라우저 주소창에 aistudio.google.com을 입력하고 Enter를 눌러 첫 화면으로 이동합니다.

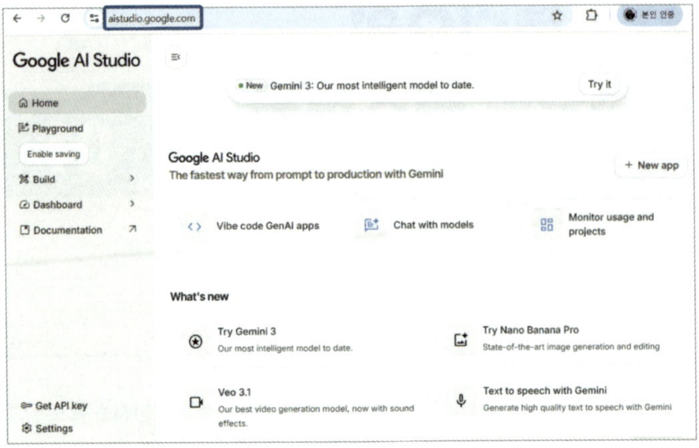

TIP 구글 검색창에서 구글 AI 스튜디오를 입력한 후 검색 결과에서 클릭하여 접속해도 됩니다.

구글 AI 스튜디오에 처음 접속하면 약관이 표시됩니다. 필수로 동의해야 하는 항목에 체크한 후 [Continue]를 클릭하세요.

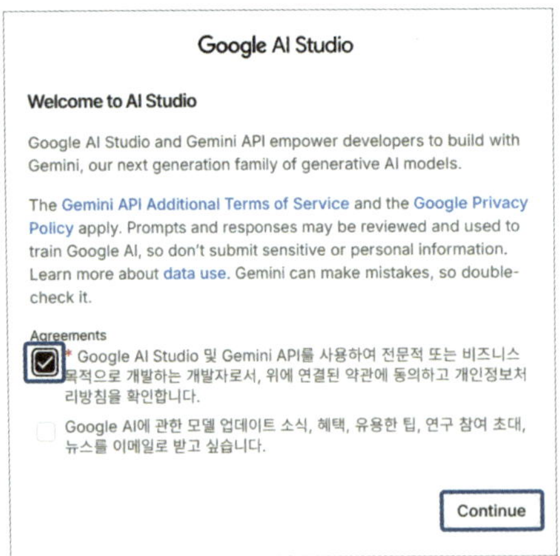

첫 화면이 영어로 구성되어 있어서 다소 복잡해 보이지만 앞으로 진행할 실습은 왼쪽 사이드바의 [Playground]에서 진행된다는 것만 기억하세요.

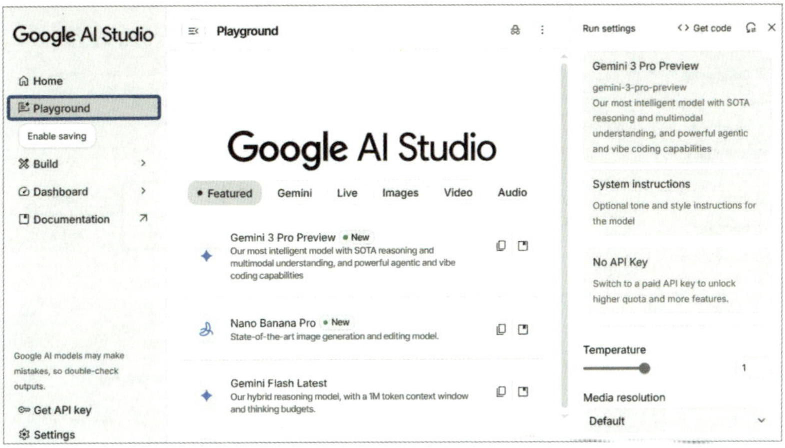

TIP 구글 AI 스튜디오에서는 이미지와 영상, 오디오 등을 만들어볼 수 있습니다. 구글이 제공하는 서비스의 최신 버전도 확인할 수 있어요.

TTS 기능으로 텍스트 대본을 AI 음성 파일로 만들기

[Playground]에서 [Audio]를 클릭한 후 [Gemimi 2.5 Pro Preview TTS]를 클릭하세요.

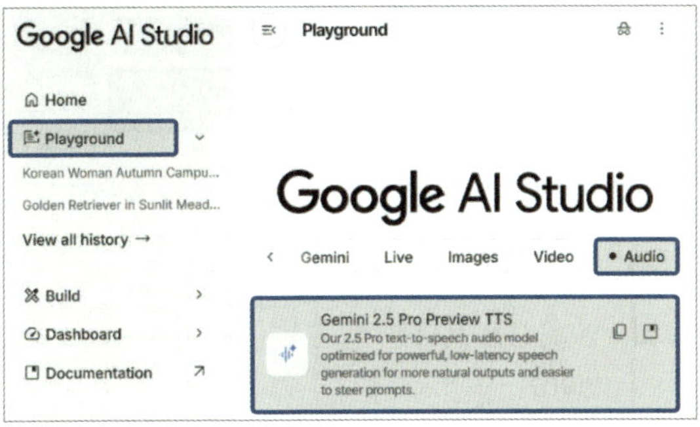

기본 화면은 여러 사람이 대화하는 설정으로 구성되어 있습니다. 내가 쓴 텍스트 대본을 한 사람이 읽어주는 것처럼 AI 목소리를 입혀볼게요. [Single-speaker Audio]를 클릭합니다.

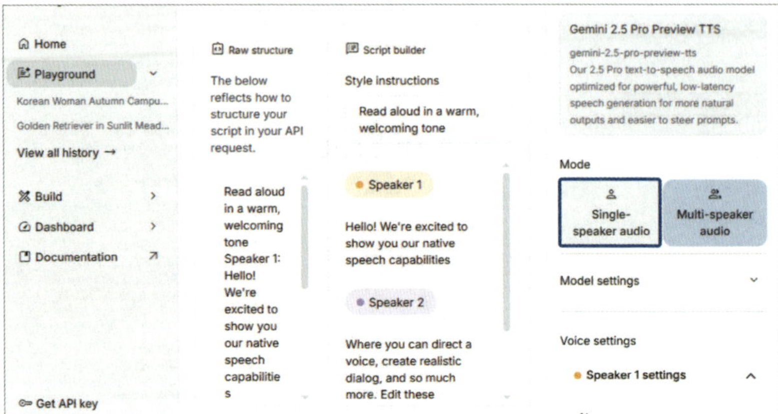

한 사람이 말하는 설정으로 바뀌었어요. [Voice]에서 원하는 음성을 선택합니다.

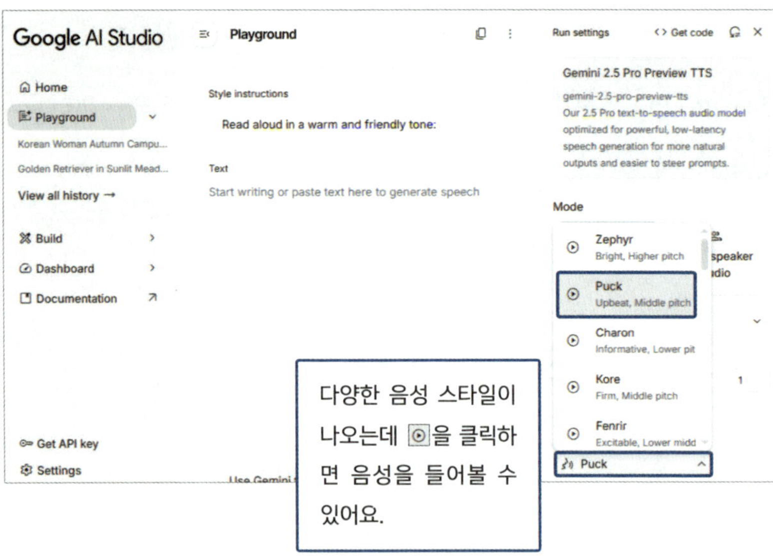

대화창에 AI가 읽어줄 대본을 다음과 같이 입력하고 [Run Ctrl]을 클릭합니다.

안녕하세요, 누나IT 이성원 강사입니다. 오늘은 제미나이 활용법에 대한 내용을 배우는 시간을 가져보려고 합니다. 잘 배워서 실무에 꼭 활용하면 좋겠습니다

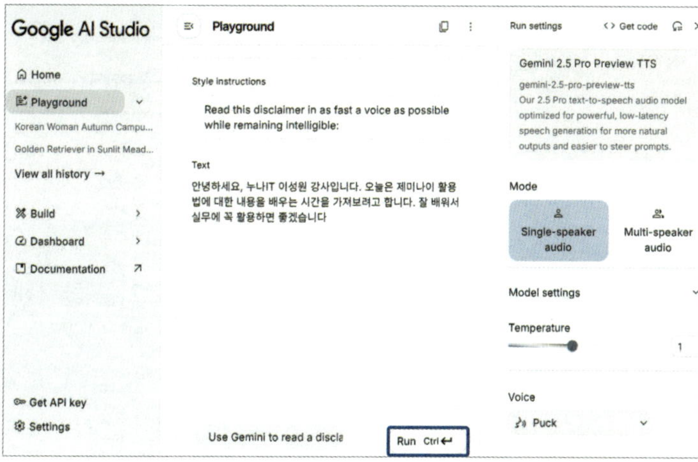

작업이 완료되면 선택한 목소리로 입력한 대본을 그대로 읽어줍니다.

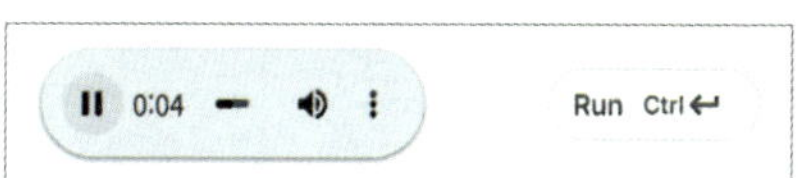

말하는 분위기를 바꾸고 싶다면 [Model settings]를 클릭한 후 [Temperature]를 조정해보세요. 값에 따라 말하는 톤이 달라집니다.

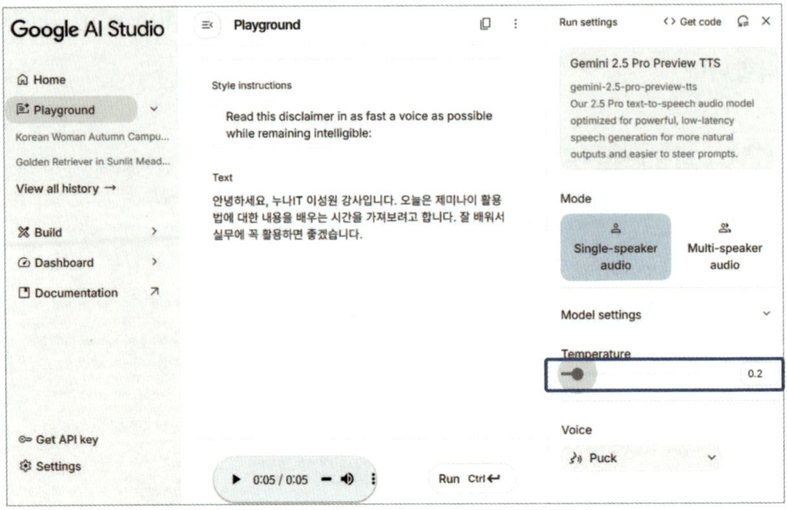

생성이 완료된 AI 음성은 ⋮를 클릭한 후 [다운로드]를 클릭해 다운로드할 수 있습니다.

TIP 재생 속도를 조절하려면 ⋮를 클릭한 후 [재생 속도]를 클릭해 원하는 속도를 선택합니다.

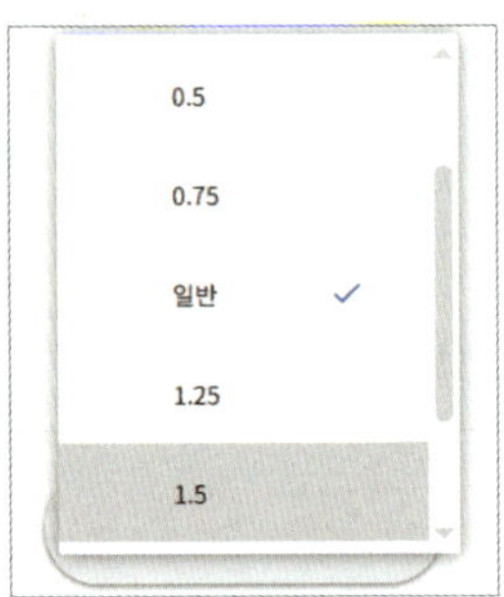

다운로드한 음성 파일은 팟캐스트나 유튜브 등 콘텐츠를 만드는 데 활용할 수 있습니다.

정리해볼까요?

- 구글 AI 스튜디오는 구글의 다양한 최신 기능을 미리 시험해볼 수 있는 공간입니다. [Playground]에서 이미지와 영상, 오디오 등을 만들어보세요.
- [Audio]의 TTS 기능을 사용하면 글로 쓴 대본을 AI가 음성으로 읽어주는 파일로 제작할 수 있습니다. 목소리와 톤을 바꿔가며 원하는 음성을 만들 수 있어요.

Veo 3.1로 단순한 이미지를 살아 있는 영상으로 구현해보자

02

시작해볼까요?

실습 파일 7장/가을 캠퍼스 학생.png

구글에서 영상을 만들 때 사용하는 AI 도구를 Veo(비오)라고 부르는데, 버전에 따라 기능이 조금씩 다릅니다. 최근 화제가 된 Veo 3.1 버전은 생생한 영상 제작뿐 아니라 소리와 음성까지 구현할 수 있어서 활용도가 높아요. Veo 2와 Veo 3.1로 살아 움직이는 영상을 만들어볼게요.

구글 AI 스튜디오 Veo 2와 제미나이 Veo 3.1 비교하기

제미나이뿐 아니라 구글 AI 스튜디오에서도 동영상을 만들 수 있습니다. 현재 구글 AI 스튜디오에서 무료로 체험해볼 수 있는 버전은 Veo 2인데, 프롬프트에 따라 영상을 생성할 수 있지만 Veo 3.1과 달리 음성 기능은 지원하지 않아요. Veo 2와 유료 버전인 제미나이 Pro에서 제공하는 Veo 3.1 버전을 비교해볼게요.

구글 AI 스튜디오의 [Playground]에서 [Video]를 클릭합니다. 화면에 [Veo 2]가 표시되어 있어요. [Veo 2]를 클릭합니다.

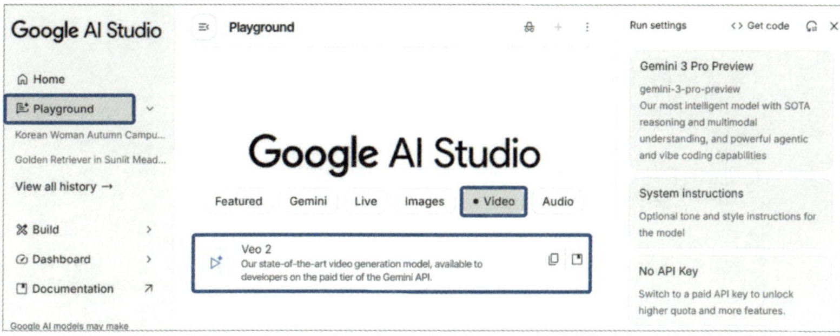

대화창에 프롬프트를 입력하면 영상을 만들 수 있습니다.

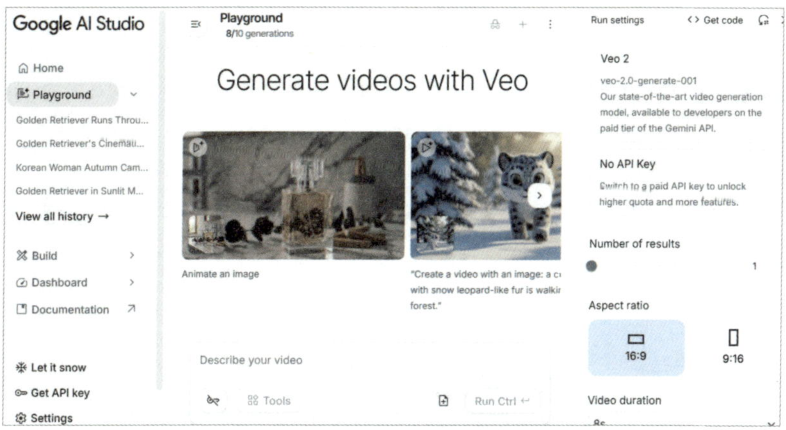

제미나이로 Veo 2 영상 제작 프롬프트 만들고 시네마틱 영상 제작하기

막상 영상을 만들려고 하니 프롬프트를 어떻게 써야 할지 막막합니다. 영상을 제작하기 전에 제미나이에서 더 좋은 영상을 만들기 위한 프롬프트를 추천해달라고 요청해볼게요.

제미나이 첫 화면으로 이동한 후 새 채팅을 열고 대화창에 다음과 같이 프롬프트를 입력합니다.

구글 AI 스튜디오에서 Veo 2를 이용해서 강아지가 뛰어노는 동영상을 만들 거야. 프롬프트 추천해줘

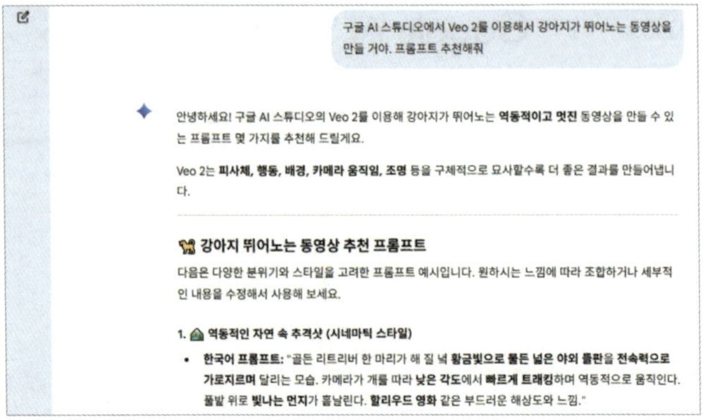

TIP 프롬프트를 바로 작성하는 것보다 제미나이에게 가이드를 요청하고 가이드에 맞춰 영상을 만드는 것이 더 좋은 결과물을 얻는 방법입니다.

제미나이가 몇 가지 프롬프트를 추천해줍니다. 시네마틱 스타일의 영상을 만들어볼게요. 프롬프트를 드래그한 후 Ctrl과 C를 눌러 복사하세요.

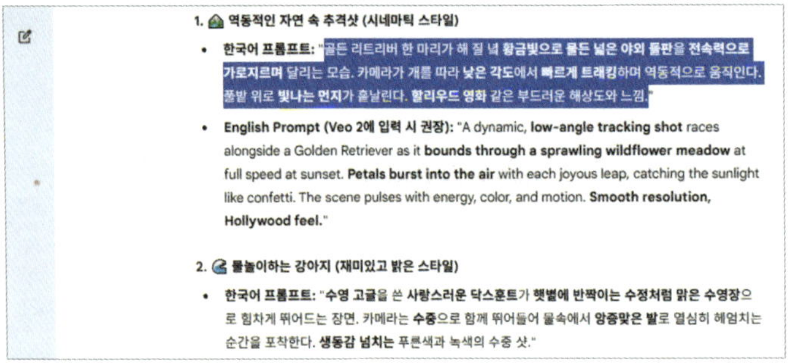

TIP 시네마틱 스타일뿐 아니라 재미있고 밝은 스타일, 클로즈업 및 부드러운 조명을 활용한 스타일 등 다양한 프롬프트를 제안해줍니다. 마음에 드는 프롬프트를 활용해 영상을 만들 수 있어요.

구글 AI 스튜디오로 돌아가서 대화창에 다음과 같이 프롬프트를 붙여 넣기합니다. [Run Ctrl]을 클릭하세요.

> 골든 리트리버 한 마리가 해 질 녘 황금빛으로 물든 넓은 야외 들판을 전속력으로 가로지르며 달리는 모습. 카메라가 개를 따라 낮은 각도에서 빠르게 트래킹하며 역동적으로 움직인다. 풀밭 위로 빛나는 먼지가 흩날린다. 할리우드 영화 같은 부드러운 해상도와 느낌.

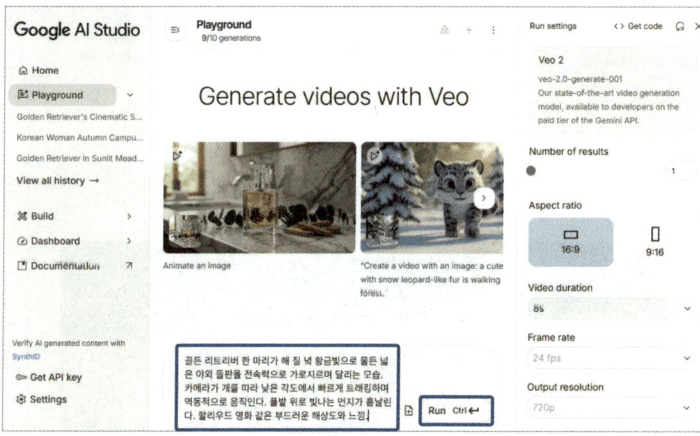

TIP [Run settings] 영역 가운데 [Aspect ratio]는 생성할 영상의 비율을 의미합니다. 16:9나 9:16 중 선택할 수 있습니다. 그 아래 [Video duration]은 영상의 생성 시간입니다. 여기에서는 [8s]를 선택했는데 8초 길이를 의미합니다. 5~8초 길이로 영상을 만들 수 있어요.

TIP 이용자가 너무 많거나 구글의 점검 사항에 따라 영상 생성이 원활하지 않을 수 있습니다. 이럴 때는 시간을 두고 다시 시도해보세요.

영상이 만들어졌습니다. [Large View]를 클릭해서 영상을 크게 확대한 후 재생해보면 석양 아래 역동적으로 달려가는 골든 리트리버의 모습을 확인할 수 있어요.

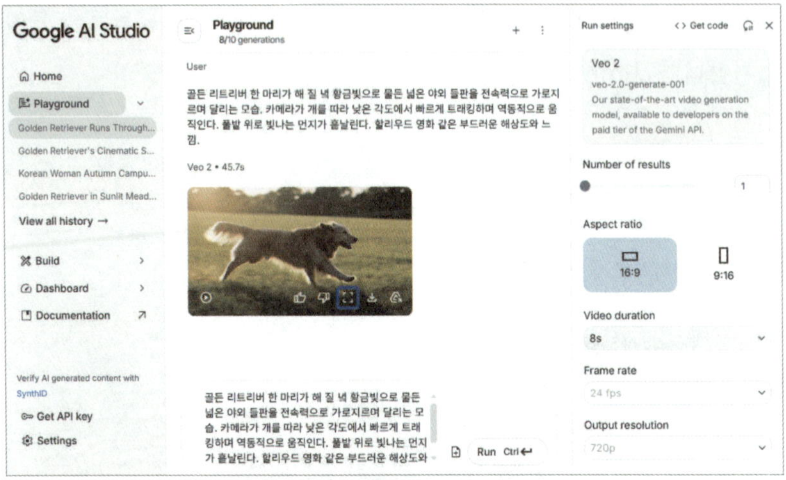

TIP Veo 2로 만든 영상은 실습 파일 7장 폴더 내 **달리는 골든 리트리버.mp4** 파일에서 확인할 수 있습니다.

나노바나나 프로 이미지를 Veo 3.1에서 걷고 말하는 영상으로 변환하기

Veo 2 버전의 영상도 훌륭하지만 제미나이의 Veo 3.1 버전은 훨씬 더 업그레이드되었어요. 영상에 배경 음악이나 소리를 추가할 수 있고, 캐릭터가 말하면서 움직이도록 만들 수도 있습니다. 다만 Veo 3.1을 사용하려면 제미나이 유료 버전에 가입해야 하고, 하루에 영상을 생성할 수 있는 횟수에도 제한(3회)이 있습니다.

나노바나나 프로로 만든 이미지를 활용해서 Veo 3.1 버전으로 영상을 만들어볼게요. 가을 캠퍼스를 거니는 여대생이 움직이면서 말하는 영상을 만들려고 합니다.

TIP 이미지는 실습 파일로 제공하는 **가을 캠퍼스 학생.png**를 사용하거나 나노바나나 프로에서 직접 만든 후 활용해보세요.

Veo 3.1 버전을 사용하려면 우선 제미나이 첫 화면으로 이동해서 도구 중 [동영상 만들기(Veo 3.1)]를 클릭하세요.

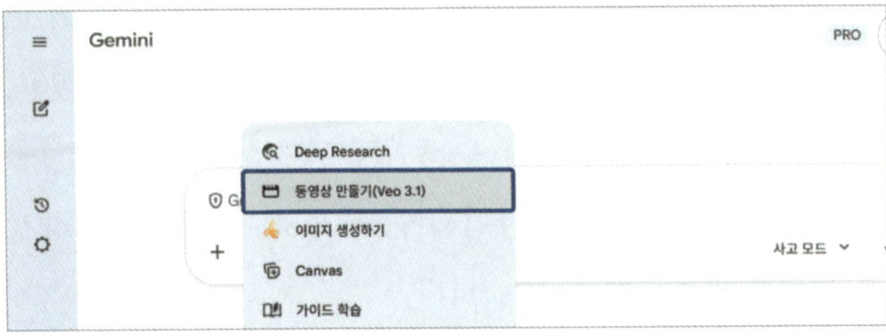

TIP Veo 3.1 버전은 유료 버전인 제미나이 Pro에서 제공합니다.

동영상 모드로 바뀌면 [파일 추가+]를 클릭한 후 [파일 업로드]를 클릭하세요. 예제 파일을 선택한 후 [열기]를 클릭합니다.

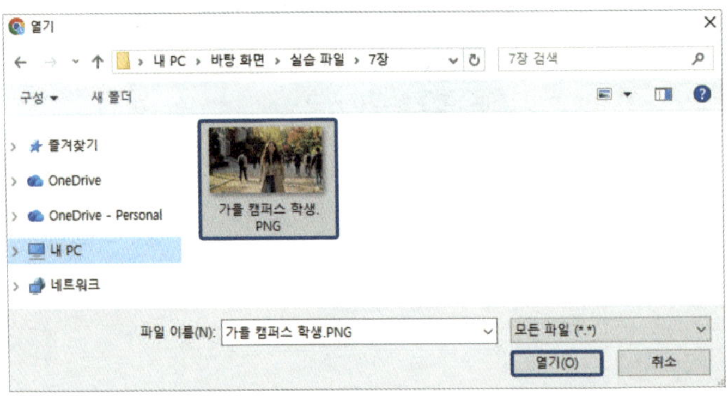

대화창에 이미지가 첨부되었다면 다음과 같이 프롬프트를 입력합니다.

여성이 앞으로 걸어가며 "누나IT 구독과 좋아요 버튼을 눌러주세요"를 외치는 영상 만들어줘

TIP 영상이 생성되려면 몇 분 정도 소요됩니다.

영상 생성이 완성되면 이미지 속 인물이 자연스럽게 앞으로 걸어가면서 요청한 문장을 말합니다. 문장에 들어 있는 구독, 좋아요 등의 단어를 반영해 영상 아래쪽에 구독 표시가 생성되었어요.

영상을 바로 다운로드하려면 영상 오른쪽에 표시되는 [동영상 다운로드]를 클릭합니다.

TIP 다운로드한 영상은 실습 파일 7장 폴더 내 **구독과 좋아요 외치는 학생.mp4** 파일에서 확인할 수 있습니다.

정리해볼까요?

- 구글 AI 스튜디오에서 Veo 2 버전 영상을 만들 수 있어요. 프롬프트를 잘 쓰고 싶다면 제미나이에게 만들고자 하는 영상의 프롬프트를 추천해달라고 요청한 후 복사하여 사용합니다.
- Veo 3.1 버전은 유료 버전인 제미나이 Pro에서 제공합니다. Veo 2 버전과 달리 영상에 배경 음악이나 소리를 추가할 수 있고, 캐릭터가 말하면서 움직이도록 만들 수도 있습니다.

구글 랩스 믹스보드로 아이디어 보드와 프레젠테이션을 만들자

03

시작해볼까요?

구글 랩스(Google Labs)는 구글 AI 서비스가 정식으로 출시되기 전에 대중의 반응을 먼저 살펴볼 수 있는 공간입니다. 이 가운데 하나인 믹스보드(Mixboard)는 텍스트를 입력해 시각적인 아이디어를 생성하고 편집할 수 있는 도구입니다. AI 기술을 활용한 창의적인 아이디어 보드인 믹스보드의 사용 방법을 알아볼게요.

믹스보드에서 새 프로젝트 생성하기

믹스보드는 나노바나나 프로 기반의 이미지 생성, 합성 등을 도와주는 도구입니다. 아이디어를 시각화하고 정리할 때 사용할 수 있어요.

믹스보드로 이동해볼게요. 크롬 브라우저 주소창에 labs.google을 입력하고 Enter를 누릅니다. 구글 랩스 메인 화면에서 [Mixboard]를 찾아 아래쪽에 표시된 [Try It Now]를 클릭하세요.

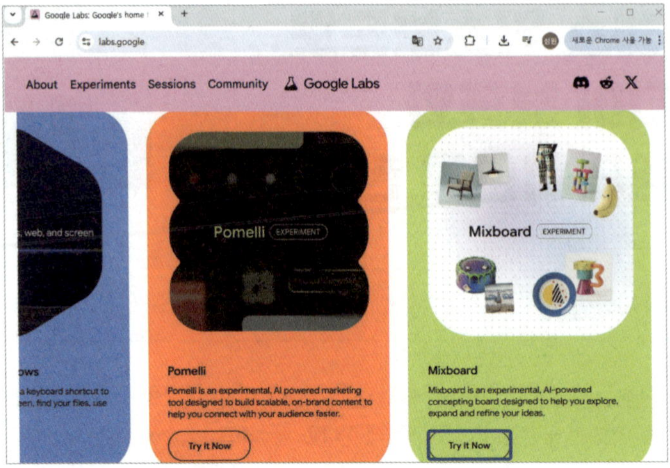

TIP 구글 랩스 메인 화면에서 믹스보드를 찾기 어렵다면 크롬 브라우저 주소창에 labs.google.com/mixboard를 입력하고 Enter를 누릅니다.

믹스보드로 이동합니다. [Get started]를 클릭해 믹스보드 첫 화면으로 이동합니다. [+ New project]를 클릭하세요.

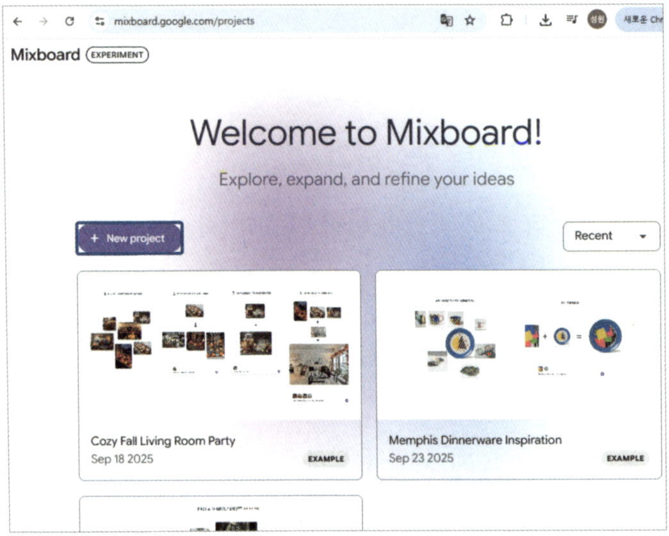

TIP 믹스보드를 여러 개 생성하면 첫 화면에서 기존에 만들어둔 믹스보드를 확인할 수 있어요.

믹스보드 새 프로젝트 화면이 나타납니다. 이제 원하는 이미지를 생성하고 꾸밀 수 있어요.

믹스보드에 내 아이디어를 시각화하여 꾸미기

믹스보드 프로젝트 화면을 보드지라고 생각해보세요. 원하는 내용을 자유롭게 생성하고 아이디어를 시각적으로 표현할 수 있습니다. 거실 인테리어에 도움이 될 만한 이미지를 만들어볼게요. 믹스보드 대화창에 **거실 인테리어 소품**이라고 입력해보세요.

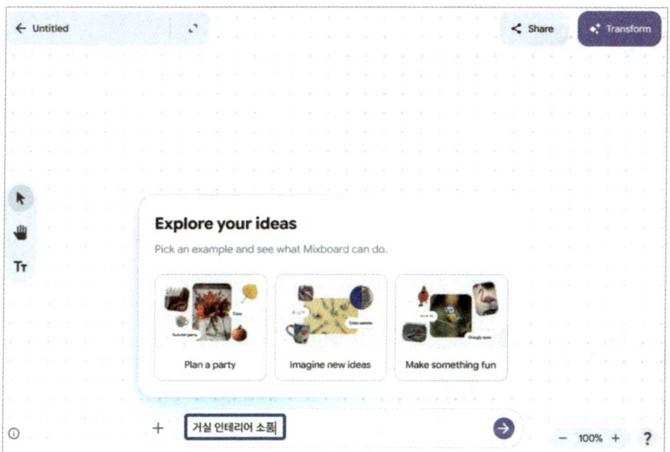

TIP 믹스보드에 이미지가 나열되려면 시간이 조금 소요됩니다.

입력한 프롬프트에 해당하는 다양한 제품이 나열되었어요. 마음에 드는 이미지는 크기를 크게 키우거나 줄여서 보드를 꾸며보세요. 필요 없는 이미지는 삭제합니다.

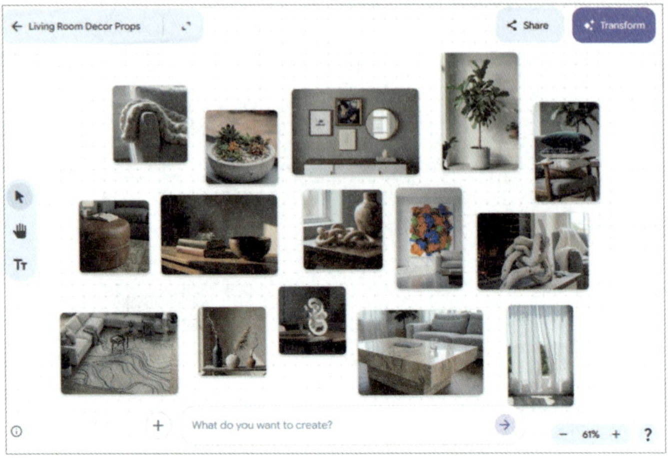

TIP 이미지를 클릭했을 때 나타나는 크기 조절점을 클릭한 채 드래그하면 이미지의 크기를 키우거나 줄일 수 있어요. 이미지를 삭제할 때는 원하는 이미지를 클릭한 후 위쪽에 표시되는 옵션에서 [Delete image 🗑]를 클릭합니다.

보드를 정리했다면 마음에 드는 인테리어 소품을 몇 개 더 보여달라고 요청해볼게요. 원하는 이미지를 클릭합니다. 대화창에 이미지가 첨부되었다면 다음과 같이 프롬프트를 입력합니다.

비슷한 소품을 몇 개 더 만들어줘

TIP 이미지를 클릭한 후 위쪽에 표시되는 옵션에서 [More like this]를 선택하면 프롬프트를 입력하지 않아도 이미지가 세 개 더 추가됩니다.

보드에 비슷한 느낌을 가진 인테리어 소품 이미지가 세 장 더 추가되었습니다.

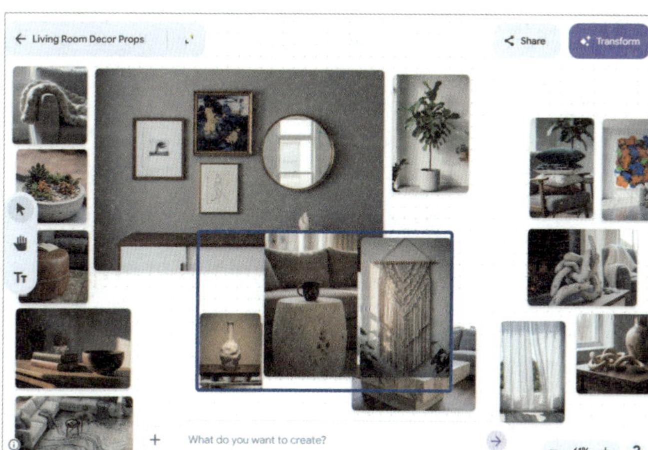

TIP 마음에 들지 않는 이미지는 삭제하고 새로 생성된 이미지는 크기를 조정한 후 보드를 정리합니다.

이미지끼리 합쳐서 더 새로운 아이디어 생성하기

Shift를 누른 채 이미지를 클릭하면 여러 개를 동시에 선택할 수 있습니다. 이미지를 여러 장 모아서 거실 인테리어가 어떻게 바뀌는지 살펴볼게요. 대화창에 선택한 이미지가 모두 첨부되었다면 다음과 같이 프롬프트를 입력합니다.

> 위 이미지를 합쳐서 거실 인테리어를 해줘

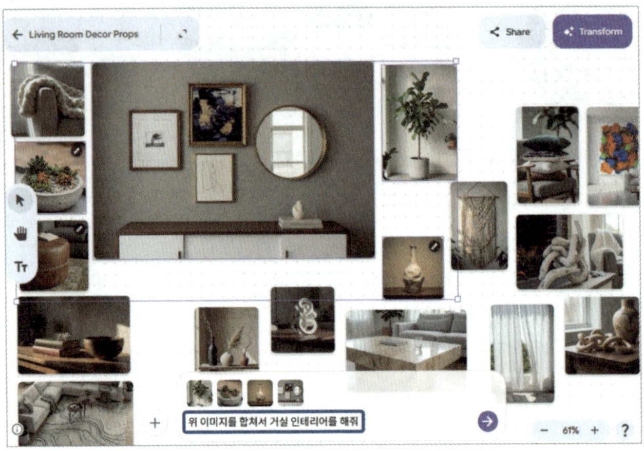

TIP 여기에서는 네 장의 이미지를 선택했어요.

새로운 거실 인테리어 이미지가 만들어졌어요. 크게 확대해서 살펴볼게요. 화면이 꽉 차서 이미지를 키우기 어렵다면 왼쪽 툴바의 [Pan ✋]을 클릭한 후 화면을 이동하고 빈 화면에 이미지를 더 크게 배치해 보세요.

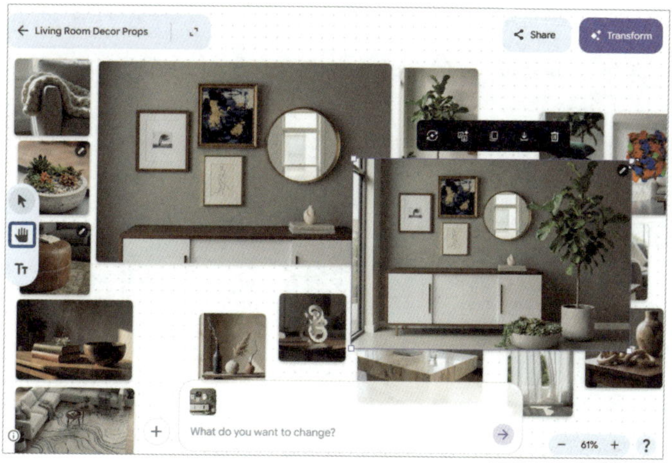

TIP 믹스보드 왼쪽 툴바에 세 개의 아이콘이 표시됩니다. [Select]를 클릭하면 이미지 하나를 선택하거나 여러 개를 드래그해 선택할 수 있어요. [Pan]은 이동 도구입니다. 보드의 빈 화면을 클릭한 채 드래그하면 이미 배치된 이미지를 움직이지 않고 화면의 위아래, 왼쪽, 오른쪽으로 이동할 수 있어요. [Add text]를 클릭한 후 보드의 빈 화면을 클릭하면 원하는 텍스트를 입력할 수 있어요.

거실 벽면 이미지에 선택했던 소품들이 추가되어 새로운 이미지가 생성되었습니다.

이전 이미지와 비교해보세요. 믹스보드로 손쉽게 소품이 추가된 거실 인테리어 분위기를 확인할 수 있습니다.

믹스보드의 제목을 입력한 후 완성해볼게요. 믹스보드 왼쪽 툴바에서 [Add text Tт]를 선택하세요. 믹스보드에서 빈 화면을 클릭한 후 **거실 인테리어 소품**이라고 입력합니다.

TIP 입력한 글자는 색상을 바꾸거나 크기를 조정하고, 굵게, 기울임, 밑줄 효과를 적용할 수 있습니다.

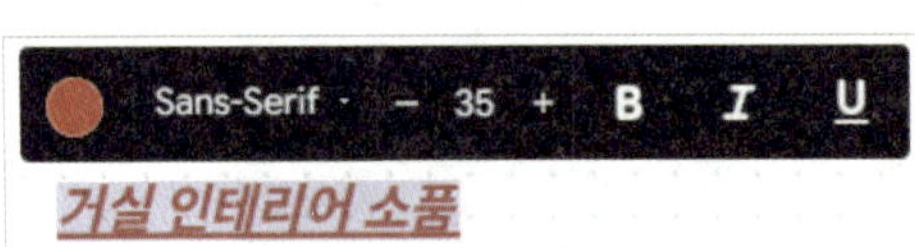

조금 더 가볼까요?

믹스보드 이미지 옵션 활용하기

믹스보드에 생성된 이미지를 선택하면 옵션 메뉴가 나타나는데, 이미지를 새로 생성하거나 유사한 이미지를 더 만들고, 복사, 다운로드, 삭제할 수 있습니다. 믹스보드의 이미지 옵션을 더 알아볼게요.

❶ **Regenerate image** : 선택한 이미지를 다시 생성해줍니다.

❷ **More like this** : 선택한 이미지와 비슷한 이미지를 세 개 더 만들어줍니다.

❸ **Duplicate block** : 같은 이미지를 하나 더 복사할 수 있습니다.

❹ **Download image** : 선택한 이미지를 이미지 파일 형식인 PNG 파일로 다운로드할 수 있습니다.

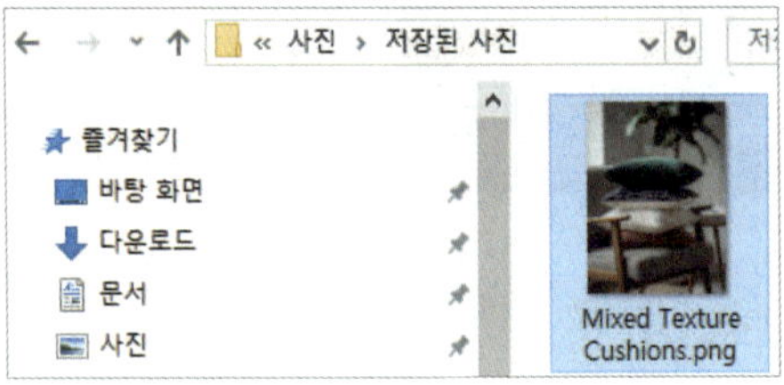

❺ **Delete image** : 선택한 이미지를 삭제합니다.

믹스보드 아이디어 보드 확인하기

믹스보드에서 **<거실 인테리어 믹스보드>**를 확인해보세요.

QR 코드 인식이 어렵거나 컴퓨터에서 확인하고 싶다면 크롬 브라우저 주소창에 https://hanb.link/1bdM을 입력하세요.

TIP 스마트폰에서 믹스보드를 확인할 때는 왼쪽 툴바에서 [Pan]을 터치해 화면을 이동하거나, 축소 또는 확대해보세요.

⌛ **1분만요! 누나IT의 1분 영상 강의**

누나IT 유튜브 채널에서 1분 쇼츠를 시청하고 **<믹스보드로 아이디어 보드 생성하기>**를 복습해보세요.

QR 코드 인식이 어렵다면 유튜브 검색창에 누나IT 믹스보드를 검색하세요.

믹스보드를 발표용 프레젠테이션으로 구성하기

믹스보드에 아이디어를 시각적으로 구현하고 정리했다면 완성된 믹스보드를 프레젠테이션으로 구성해보세요. 나노바나나 프로가 적용되어 보드 기반의 고화질 이미지를 포함한 완성도 높은 시각 자료를 만들 수 있습니다.

제작한 믹스보드를 프레젠테이션으로 구성하기 위해 믹스보드 오른쪽 위에 표시되는 [Transform]을 클릭합니다. 아래에 진행률이 표시됩니다.

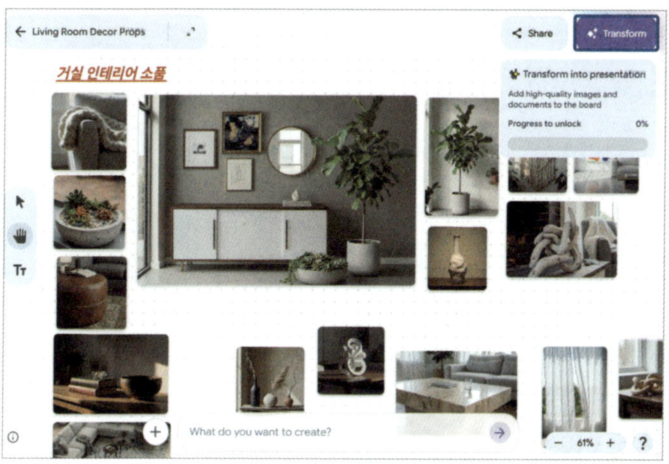

진행률이 100%가 되면 'Unlocked!'라고 표시되면서 프레젠테이션으로 변환할 수 있어요.

새로 표시되는 창에서 옵션을 입력하여 프레젠테이션 자료를 원하는 대로 구성할 수 있습니다. 옵션을 모두 선택했다면 [Transform]을 클릭합니다.

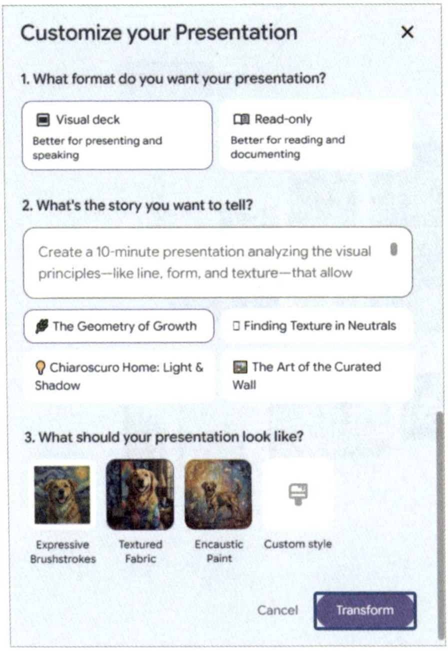

TIP 여기에서는 기본 옵션을 그대로 적용했어요.

215쪽 믹스보드 프레젠테이션 설정 옵션 알아보기

프레젠테이션 구성에 최대 20분 정도 소요된다는 메시지가 표시됩니다.

조금 기다리면 프레젠테이션 생성이 완료됩니다. [Ready]를 클릭합니다.

화면을 아래쪽으로 스크롤하면 믹스보드를 기반으로 만들어진 프레젠테이션을 확인할 수 있어요.

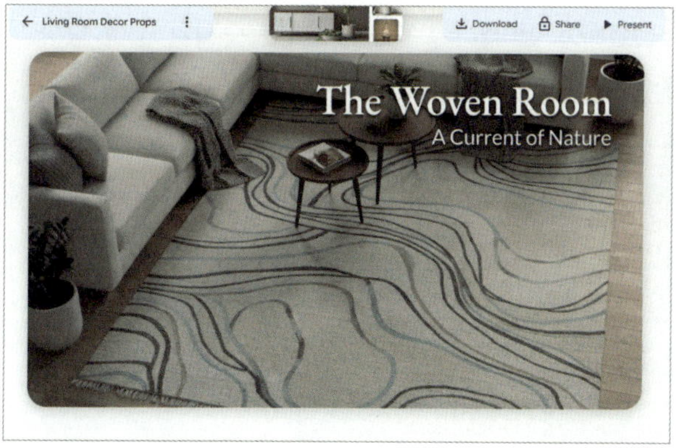

조금 더 가볼까요? 믹스보드 프레젠테이션 설정 옵션 알아보기

프레젠테이션 설정 옵션창에서는 세 가지 옵션을 선택할 수 있습니다. 프레젠테이션 형식과 진달할 주제를 정한 후 디자인 스타일을 골라 원하는 형식의 프레젠테이션을 구성해보세요.

❶ 어떤 형식으로 프레젠테이션을 만들까요? : [Visual deck](비주얼 덱)은 직접 발표할 때 사용할 수 있어요. 믹스보드의 이미지와 시각 자료를 강조하여 슬라이드를 구성합니다. [Read-only](읽기 전용)는 보고서에 가까운 문서로 이미지와 텍스트 설명이 함께 포함되어 있어요.

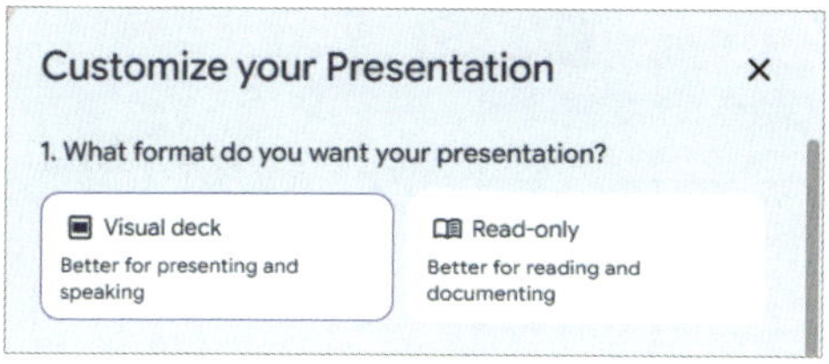

❷ **어떤 이야기를 전달하고 싶나요? :** 프레젠테이션 주제와 구성 방향을 입력합니다. 직접 내용을 입력하거나 아래쪽에 표시된 추천 키워드를 이용해 슬라이드를 생성할 수 있어요. 여기에서는 바로 클릭해 적용할 수 있는 옵션으로 '성장의 기하학', '질감 찾기' 등의 키워드가 추천되었어요.

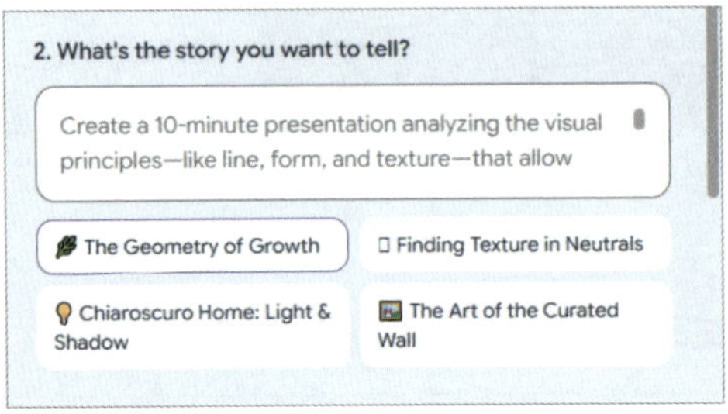

❸ **프레젠테이션 디자인 스타일 설정 :** 프레젠테이션의 분위기, 톤앤매너 등을 결정하는 옵션입니다. 아래쪽 이미지는 스타일 예시입니다. 붓터치나 질감 강조, 밀랍화 등의 옵션을 선택하여 스타일을 설정할 수 있어요.

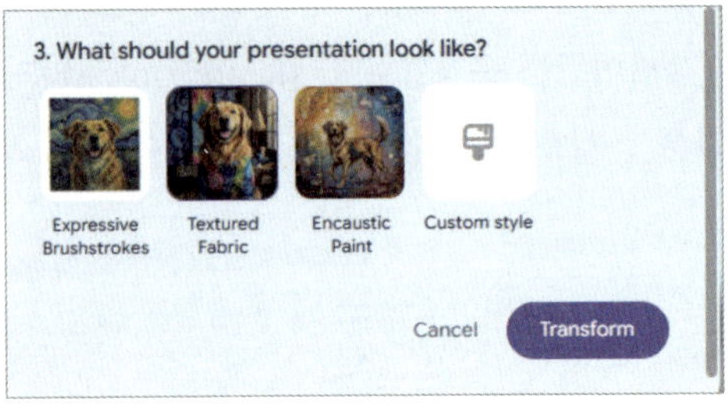

믹스보드 프레젠테이션 수정하고 공유하기

생성된 프레젠테이션은 슬라이드 내에서 직접 수정하는 것도 가능합니다. 완성된 프레젠테이션은 파일로 다운로드하거나 링크로 공유할 수 있어요.

우선 슬라이드를 수정해볼게요. 화면을 아래위로 움직여 수정하려는 슬라이드를 찾은 후 클릭합니다. 오른쪽에 옵션바가 나타납니다.

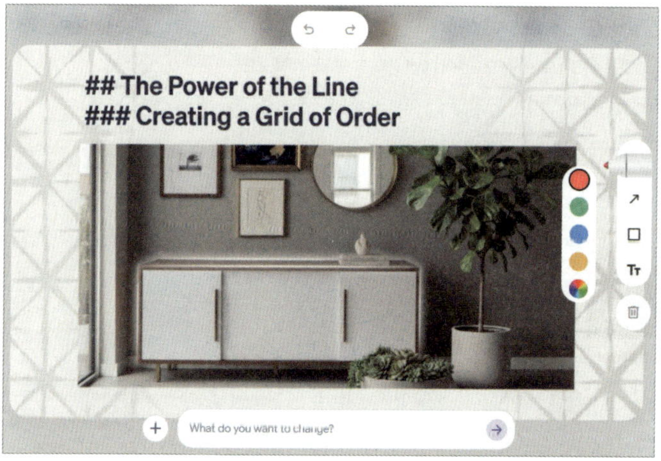

도형을 그리고 추가할 때는 [Shape Tools□]를 클릭한 후 도형 모양을 고르고 화면에서 드래그합니다.

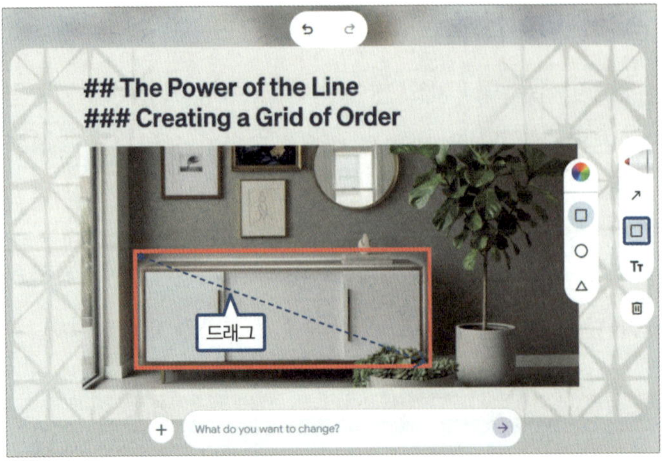

TIP 추가한 도형을 삭제하려면 도형을 선택하고 [Delete]를 누르거나 [🗑]를 클릭합니다.

TIP 오른쪽 옵션바를 이용해 선을 긋거나 도형을 추가하고 텍스트를 입력할 수 있어요. 색상 팔레트를 이용하면 도형과 선, 글자 색도 쉽게 바꿀 수 있습니다.

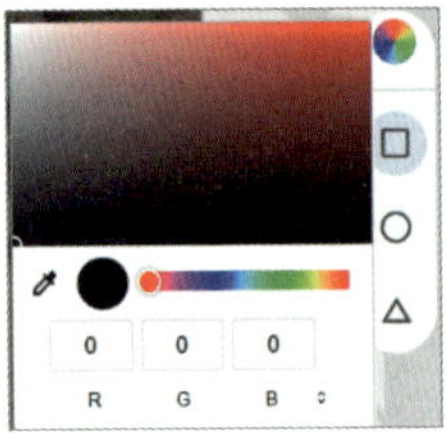

믹스보드에서 생성된 슬라이드는 나노바나나 프로를 사용하므로 수록된 이미지도 자유자재로 바꿔줍니다. 거실 서랍장을 원목 재질로 바꿔 볼게요. 슬라이드 아래쪽 대화창에 다음과 같이 프롬프트를 입력합니다.

서랍장 재질 우드 타입으로 바꿔줘

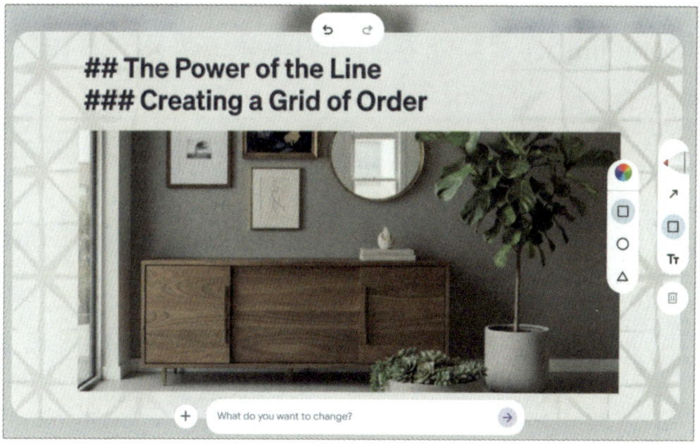

서랍장 디자인은 유지한 채 재질만 바뀌었습니다.

TIP 수정 모드에서 빠져나오려면 [Esc]를 누르거나 슬라이드 밖 화면을 클릭합니다.

완성된 믹스보드 프레젠테이션 문서를 다운로드해볼게요. [Download]를 클릭합니다. 두 가지 다운로드 옵션이 있습니다. 고화질 이미지나 PDF 파일로 다운로드할 수 있어요.

믹스보드 프레젠테이션 문서를 링크로 공유하려면 [Share]를 클릭하고 누구나 문서를 볼 수 있도록 [Link Access]를 눌러 활성화하세요. [Copy link]를 클릭한 후 카카오톡 등으로 공유합니다.

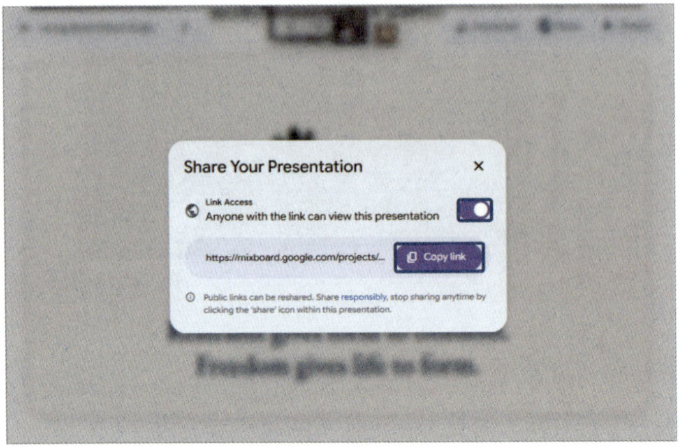

믹스보드 프레젠테이션 확인하기

믹스보드에서 **<거실 인테리어 믹스보드 프레젠테이션>**을 확인해보세요.

QR 코드 인식이 어렵거나 컴퓨터에서 확인하고 싶다면 크롬 브라우저 주소창에 https://hanb.link/1bdN을 입력하세요.

1분만요! 누나IT의 1분 영상 강의

누나IT 유튜브 채널에서 1분 쇼츠를 시청하고 **<남들보다 한발 앞서가는 AI 얼리어답터가 되는 법 – 구글 랩스>**를 살펴보세요.

QR 코드 인식이 어렵다면 유튜브 검색창에 누나IT 구글 랩스를 검색하세요.

정리해볼까요?

- 믹스보드는 구글 랩스의 서비스 중 하나입니다. 텍스트만 입력해도 시각적인 아이디어를 생성하고 편집할 수 있습니다. 생성한 이미지와 유사한 이미지도 바로 만들어주기 때문에 아이디어를 이미지화하여 구현할 때 유용합니다.
- 믹스보드에서 여러 개의 이미지를 선택한 후 이미지 생성을 추가로 요청해보세요. 선택한 이미지들이 합성되거나 새로 만들어지면서 더 다양한 아이디어를 표현할 수 있습니다.
- 믹스보드에서 만든 이미지를 기반으로 프레젠테이션 문서를 만들고 수정할 수 있습니다. 완성된 자료는 고화질 이미지, PDF 파일로 다운로드하거나 링크로 공유할 수 있어서 활용도가 높습니다.

영상 강의 로드맵

책에 수록한 영상 강의를 확인할 수 있는 '영상 강의 로드맵'입니다. QR 코드를 스캔해 강의를 시청하고, 학습한 내용을 복습해보세요.

영상 강의 전체 모아보기

모든 영상 강의를 한 번에 재생할 수 있는 QR 코드입니다.
전체 강의를 연속으로 시청하고 싶다면, 왼쪽의 QR 코드를 스캔해주세요

START

0장 왕초보가 제미나이를 배워야 하는 이유

3분 영상 강의
왕초보가 제미나이를 배워야 하는 이유
▶ 관련 본문 찾아보기 023쪽

1장 제미나이를 재미있게 시작해보자

1분 영상 강의
혁신적인 제미나이 라이브 모드 활용하기
▶ 관련 본문 찾아보기 060쪽

2장 찰떡같이 통하는 제미나이 질문 기술 익히기

1분 영상 강의
제미나이에게 컴퓨터 문제 질문하는 법
▶ 관련 본문 찾아보기 066쪽

3장 구글 워크스페이스와 유튜브 연동하기

1분 영상 강의
제미나이와 구글 워크스페이스 연동하기
▶ 관련 본문 찾아보기 086쪽

1분 영상 강의
유튜브 영상 링크 복사해서 핵심 내용 파악하기
▶ 관련 본문 찾아보기 094쪽

5장 노트북LM을 AI 어시스턴트로 고용하기

3분 영상 강의
한번에 보고서, 영상까지 만들어주는 구글 노트북LM 활용법
▶ 관련 본문 찾아보기 142쪽

6장 이미지 생성의 혁명! 나노바나나 프로 활용하기

3분 영상 강의
나노바나나 소개
▶ 관련 본문 찾아보기 156쪽

3분 영상 강의
나노바나나 프로 완전 분석, 10가지 충격적인 기능
▶ 관련 본문 찾아보기 156쪽

1분 영상 강의
화면 비율을 지정해 이미지 만들기
▶ 관련 본문 찾아보기 177쪽

영상 강의 로드맵

7장 상상을 구현하는 구글 AI 서비스 경험하기

1분 영상 강의
믹스보드로 아이디어 보드 생성하기
▶ 관련 본문 찾아보기 211쪽

1분 영상 강의
남들보다 한발 앞서가는 AI 얼리어답터가 되는 법 - 구글 랩스
▶ 관련 본문 찾아보기 220쪽

FINSH